何怀宏 著

心怀生命

和孩子共读的生命启蒙书

广西师范大学出版社
·桂林·

图书在版编目(CIP)数据

心怀生命:和孩子共读的生命启蒙书/何怀宏 著.—桂林:广西师范大学出版社,2015.3(2020.3 重印)
ISBN 978-7-5495-5445-4

Ⅰ.①心… Ⅱ.①何… Ⅲ.①教育哲学-通俗读物 Ⅳ.①G40-02

中国版本图书馆 CIP 数据核字(2014)第 226038 号

出 品 人:刘广汉
策划编辑:阴牧云
责任编辑:黄 越 顾杏娣
装帧设计:龚文婕 徐 妙
封面插画:唐 彦

广西师范大学出版社出版发行
(广西桂林市五里店路 9 号 邮政编码:541004
网址:http://www.bbtpress.com)
出版人:黄轩庄
全国新华书店经销
销售热线:021-65200318 021-31260822-898
山东鸿君杰文化发展有限公司印刷
(山东省淄博市桓台县寿济路 13188 号 邮政编码:256401)
开本:787mm×1 092mm 1/32
印张:7.375 字数:80 千字
2015 年 3 月第 1 版 2020 年 3 月第 4 次印刷
定价:32.00 元

我在这本书里所写的，
首先是我想对自己的孩子说的一些话。

目录 |

第三辑 日常生活

第四辑　非常时刻

第五辑　成长与发展

第六辑　道德与社会

写在前面的话

我在这本书里所写的，首先是我想对自己的孩子说的一些话，其中的许多问题，正是她（他）向我提出来的。

但我推想，它们也可能是你们的问题，因为，不仅我的孩子心里有这些疑团，当我像你们现在这么大的时候，它们也曾经是我的疑问。

当我们告别无忧无虑的童年，慢慢长大，心里开始出现有关人生的一些根本问题的时候，往往会陷入一种深深的苦闷、惊慌甚至恐惧。

这些问题，由于它们太内在，太抽象，我们常常不知道怎样提出，或者提出了也不易得到回答。而坊间有些自诩为给出了解答、甚至最终解答的流行文字，只能说明作者自己并没有好好想过这些问题。

一个孩子也许会独自沉重地负担起这一切，但这有时可能是太沉重了，她（他）哪能知道另外有人也在想着同样一些问题呢？

这些根本性的类似问题一代代地发生——尤其在人们年轻的时候发生；也由一代代人尝试作出自己的回答——需要用他们毕生的努力。每一代人，乃至每一个人的回答都需要有自己的特殊经验，包括独自亲领默会的体验，但是，我们也不妨“嘤其鸣矣，求其友声”，包括有一些在不同世代之间的文字沟通。

以下就是其中的一些问题：

它们有些是涉及生死与自然的，比如说：我们的生命来自何处，它又往哪里去？每个人的生命是否都是一个偶然的幸运？我们的生命是完全属于我们自己的吗？是否真有生命的奥秘？如果有，我们又是否能够完全揭破这奥秘？我们如何面对必不可免的死亡？我们又如何避免那些不必要的死亡和伤害，不轻掷我们的生命？但是，人是否又还需要一些冒险？生命是否有一种自我修复的能力？人的生命与动物的、植物的生命是否有相通的地方？人与大自然的关系究竟是怎样或应当怎样？能否确立一种新的生态观？

有些问题是涉及苦乐与目标的，比如说：人是否都追求快乐或幸福？生命中是否就自然而然地包含着痛苦？我们如何对待这些痛苦？我们渴望激动人心的快乐，但我们所过的生活却是平凡而又单调的，怎么办？人的生活可以复杂到什么程度，又可以简单到什么程度？我们如何对待生活中的突然变故，尤其是家庭变故？我们又如何对待和实现自己的愿望和理想?

还有些问题是关于自我与他人、个人与社会的，比如说：谁是“我”？或者“我”是谁？我们每个人是否都有自己的某种天才？如果命运看来对我特别不公怎么办？学校训练的主要意义是什么？人是否应当追求完美？一个人如何做到全面发展？我们在与他人的交往中有多少种身份？什么是最重要的身份？不同生活理想的人们如何在同一个屋顶、同一片天空下生存？什么是最重要的人、最重要的事和最重要的时候？什么是好？什么是坏？什么是善？什么是恶？我们是否能够代替别人做好事？人应当为自己还是为别人生活？

对这些问题，我只想说一些在我看来对你们重要、并且被我的经验和思考推测为合理的话，但这些话并不就是固定的答案，也许它们只能说明，我也和你们一样，为这些问题深深地焦虑过和苦苦地思索过。我们也许可以藉此深深地、倾心地交谈，哪怕隔着千山万水。而对话者有时候保持某种留有余地的距离，或许反而可以更从容和深入地做一种心灵的沟通。

我可能并不是在一个特别合适的时候写这本书的，我最初写这本书的中年可能是人一生中最入世从而也最世俗的时候，但令我欣慰的是，我的写作使我的心灵又经历了一次童年。更让我欣慰的是，我也随着这本书一起不断有心智地成长。

在我第一次开始写这本书的时候，正值冬去春来；而当我再一次补充修订它的时候，又是春光明媚的时候。春天是一个生长的季节。我希望这本小书里的思考和体验，也许能有助于正像我的孩子一样成长着的你们，以及和我一样关注着你们成长的父母们。

何怀宏

1995 年春初稿

2009 年春再笔

2014 年春夏之交三笔

心怀生命

第一辑　生死之间

生命的幸运

有一天，有两个小女孩谈起她们的生命所经历过的危险。

一个说，她有过四次“蒙难”呢，第一次，是她刚生下的时候，她太小太小了，都以为可能养不活了，是她奶奶把她养活了；第二次，是她小时得了一种什么怪病，是她爸爸好不容易从外地赶回来，给她输血，才救活了她；第三次，是她吃饭不小心把鱼刺卡到喉咙里了，是她大姑想尽办法弄出鱼刺救了她；第四次，是她走路不小心，差点掉进一个深潭，幸亏她妈妈把她一把拉住了，才没掉下去。

另一个说，在她还没有出生之前，在还没有“我”之前，“我”就有过两次生命危险呢，第一次，是“我”的外婆年轻打仗时去背伤员，身上的水壶被一颗子弹打穿了，水都流光了，你想想，如果子弹偏那么一点，打中了“我”外婆，就没有了外婆，哪里还会有“我”？连“我”妈妈都不会有了！“我”和“我妈妈”“我外婆”就都没有了，就都像水一样流光了！第二次，是“我”出生之前，妈妈就怀过一个“哥哥”，但后来流产了，要是妈妈的第一胎生了，“我”就不能够出生了，即使让再生一个，那生下来的也可能不是“我”了，你说多悬啊！

她们共同的结论是：活到现在真不容易。

确实，生命是一个幸运，甚至是一个奇迹。

我们每一个人都可能经历了一些我们已经知道的危险，但可能还有许多我们并不知道的危险呢。

也许那天你没出门，对你就是一个幸运；也许那天即使你出门了，但走的是这条路而不是那条路，对你也是一个幸运；也许即使你出门走的是那条路，但你在那个路口前停了停，而没有照直往前走，对你也还是一个幸运；因为，可能恰恰就在那一天的那一个时候，有一个喝醉了酒的司机在那个路口开车撞倒了一个人，当然，那不是你，你是幸运的，但你可能并不知道这一幸运。

这还是出生以后我们所不知道的危险，还有出生以前我们所不知道的危险呢。也许你的母亲在怀着你的时候明智地拒绝了一次去外地的出差；也许她没有去挪动那袋大米；也许她在那个寒流袭来的早晨及时地加了衣服而没有感冒发烧；这些对你都可能是一种幸运，因为那样的话，流产的就可能不仅是你的“哥哥”，而且还有“你”了。

或者更早，也许你的母亲年轻时，那天没有突生一念去一朋友家而遇见你父亲；你的祖父那天没有跌一跤而躺在床上想换个职业；甚至于你根本不知道名姓的某个祖先在很久很久以前的某一个黄昏没有打一个喷嚏；一切可能就都不一样了，这世界上可能就没有你了。

离我们的生命越是遥远，越是哪怕最微小的事件也有最重大的意义，都可能改变后面整个一长串生命系列的命运。

当然，如果是那样，如果还没有“我”，还没有“自我意识”，没有对幸运或不幸的感觉，也就无所谓“我”的幸运或不幸了，那所有本来有可能出生却还是没有出生的“人”如何能感到自己的不幸呢？又有多少有潜在的生命可能却终于没有出生的“人”呢？

无论如何，现在这生命是握在你的手里了，那么，珍惜它吧，你的生命，这是在无数的偶然性中、在各种各样的危险中很不容易才产生出来的，世界上最美丽的花朵！

心存感激

一只野外的小鹿，刚刚生下来，眼睛还没有睁开呢，就会努力挣扎着站起来，去够母亲的乳房；当鹿群遇敌突然奔跑时，它也得跟跟跄跄地跟着跑，没有谁能背负它。而一个人类的婴儿刚生下来时是多么软弱无助而又备受优待啊，母亲要用乳房去够他，他才吃得上奶（幸亏吸奶这一原始本能他还保留着）；让他平躺着睡，他自己就没法翻到侧边来。

我们大概都知道一些我们幼小时所遭遇过的危

险，在那些关键的时刻，是我们的爸爸、妈妈、奶奶、大姑等亲人或别的大人救了我们，但是，更多的是我们所不知道的或知道了也不太在乎的他们日常所给予我们的似乎琐碎的关心、抚养与爱护。

可以说，每一个活到我们现在这么大的人，都不是仅仅凭自己活过来的。

而且，当我们还是婴儿的时候，我们虽然知冷知热，知道饿了要叫唤，疼了要哭泣，我们对那一段生活却几乎没有任何记忆，这也许说明，记忆力是伴随着主动生活的能力一起成长的。我们那一段作为人之初的、最宝贵的生活的秘密，恰恰不是保存在我们手里，而是保存在我们的父母或别的亲人手里，我们现在所知道的一些故事，是他们讲给我们听的，这样，在我们的生命中，实际上就融入了他们的生命，或者说，在他们的生命中，也包含着我们的生命。

我们的生命还通过多少条别的公开或隐秘的途

径，和多少个我们知道姓名以及不知道姓名的人联系着和分享着啊，所以，我们谁也不敢说：我们的生命，完全是属于自己的，我们的生命，完全是我们自己造就的。

而且，我们在成人之前，基本上都是一个受益者而非施惠者。我们成长所得到的一切，都不是现成就有的，也不是天上掉下来的，而必有人为之付出劳作。

大约两千年前，一个古罗马帝国的皇帝、斯多亚派的哲学家马可·奥勒留有一本写给自己的书，叫作《沉思录》，这本书的第一卷，全部写的是他对那些对他有过助益的人的感激之情，他写下了对他的祖父、曾祖父、母亲、生父、养父、胞兄、养兄、姐妹、妻子、许多老师和朋友的感激，说他为这一切而感谢神明。而一个获得了诺贝尔奖、其发明已经造福了千百万人的科学家，也说他仍然感到对他人有一种亏欠。

也许我们什么都不必说，也许我们笨拙的笔也难于表达出我们的感激之情，那么，让我们用自己的行动来说话，让我们用对自己的父母和儿女，对前人和后人的恰当行为来表达出这样一种感激之情，而人类就在这一过程中世代延续和进步。

心存敬畏

我们对我们的生命，有我们所知道的方面，也有我们所不知道的方面。

如果有人自诩他最终揭破了生死的奥秘，你千万不要相信。即使是古希腊最有智慧的人苏格拉底，在他被判死刑之后也只是说："分手的时候到了，我去死，你们活着，哪条路好，只有神知道了。"而古代中国最有智慧的圣人孔子也只是说："未知生，焉知死？""知之为知之，不知为不知，是知也。"

无论是在诞生的一端，还是在死亡的一端，两端都没有人来告诉我们真相。因为，一端还无所谓人，另一端“还从来没有人从那条冥河上回来过啊”。

从个体生命来说，有谁能在降生时像一个成熟了的大人一样观察、感受、体悟并且记忆呢？更不要说他在母腹中的时候了。而从整个人类来说，她在孕育和诞生的时候不也像一个浑噩无知的婴儿？人类的生命，有一大段没入在我们无知无识的海洋。

现代科学告诉了我们一些有关生死的知识，比方说个体生命在母腹中的孕育，人类在地球上的进化，乃至于推迟死亡、延长人的生命的一些办法，但是，我们发现，我们对有关生命与死亡的具体知识越多，我们未知的东西也越多，就像一个圆圈较小，它所外切的面也较小一样，随着我们知识圈的扩大，它所外切的未知领域也扩大了。

我们不知道的东西并不就是不存在，只是我们不知道而已。人为什么存在？我们今天为什么在这里？这一定是有某种根本解释的。人们甚至发现，宇宙有一种内在的和谐，生命呈现出美丽的光彩，但是我们却不敢说就知道它们最深的奥秘。

我们如何对待我们尚不知道的那一部分生命的神秘呢？有些人承认神秘，却又动辄说自己能揭开这一神秘，那他是太轻易地把自己看作神而不是人了。在某种意义上，“神秘”之所以为“神秘”，就是因为它是“神”的而不是“人”的秘密，或者说它只能被人不断地接近，而不能被人最终地揭破无遗。

近代以来最伟大的经典物理学家牛顿说：“我只是一个在海边捡到几枚贝壳的孩子。”

上世纪最伟大的物理学家爱因斯坦也说：“任何一个认真从事科学研究的人都相信，在宇宙的种种规律中间明显地存在着一种精神，这种精神远远地超越于人类的精神，能力有限的人类在这一精神面前应当感到渺小。”

生命是一莫大的赐予，我们对我们所知道的，我们生命的直接赐予者心存感激；而对我们所不知道的、我们生命的根本赐予者则不仅心存感激，还心存敬畏。

人间所有自称的“最终的揭秘者”都近于狂妄，而只有承认世界上总是有某种人所达不到的神秘，在心里保持敬畏同时又不懈追求的人们，他们知道人既伟大又渺小，从而既自信又谦卑，他们的所作所为才最符合人的身份。

面对死亡

在我们的一生中，我们有时会目睹我们的亲人或朋友的故去，然而，再没有青春的生命集体地被死神攫走更让人悲伤的了。下面是一个真实的故事：

“文化大革命”前一年的夏天，在一个南方的湖边，有一天下午，一个中学的女校长带着初中一个班的学生去学游泳，游完了，她招呼同学们上岸回家，女生们要换衣服，让男生们先走，结果只剩下了女生。

而女生中仍有意犹未尽者，忍不住又偷偷下水了，下去的女生脚下一滑没有踩到底，惊慌失措地大喊“救命”，她掉进了一个人们冬天挖过莲藕后没有填平的大深坑。

岸上二十多个还不会游泳的女生想要救自己的同伴，她们又刚刚受过学习英雄、见义勇为的教育，于是一个个地手拉着手，向那深潭走去，她们要用这个“长链”去救她们的同伴，她们相信自己正在做的是一件正当的事情。但是她们几乎全体陷进了深潭。

岸上的女校长也不会游泳，这时路上恰好走来一个渔民，女校长跪在渔民的跟前：“救救孩子！”“不行，这么多人，拽住我不放，我也会没命的。”渔民很冷静，不由分说就要走开。女校长坚持着拦住他的去路，依然跪倒在他的跟前，渔民绕行着，女校长坚持着，渔民没有动容，女校长失望了。

突然间渔民又折返回来，跳进了水里，一个、两个，孩子们依次被救了起来，消息传开了，另一些人也赶来抢救了，大部分孩子得救了，然而，最后救起来的四个，也是最先下去救人、学校里品学最优的四个孩子，却永远中止了她们含苞欲放的生命。

这四个女孩，被葬在了铁路旁边的小山坡上。其中一个女孩，出事那天正是她十五岁的生日，她爸爸为她买来的生日礼物：一个尚未写字的日记本、一个迟到了的救生圈，只能够陪她入葬了。

事隔三十年了，当我写这些字的时候，不久就将是她们的忌日，她们如果还活着，她们的儿女可能也像你们现在这么大了。

正视死亡

我们对那次四个女孩失去她们宝贵生命的不幸事件，不免会深深遗憾地想到：如果会游泳的男生们不走；如果带队的校长或老师也会游泳；如果那个女生不偷偷下水；如果人们冬天挖过莲藕后填平了那个深坑；如果那时候路上正好走来了一群渔民……那么这些孩子也许就一个都不会死了。有时生命就在几秒钟之间被决定了，而我们多么希望回到这几秒钟之前！

但是，即使因为上述某一个环节，这一不幸真的没有发生，生活中也还是可能会有别的不幸发生。也许，在我们安然无恙的一些事情中，正是由于某一个我们甚至不知道的环节，灾难才没有发生。

生活中总是有一些千钧一发的时刻，有时命运的沉重铁锤落了下来，有时没有落下来。

所以，我们即使都万分小心，在生活中也还是不能不面对死亡。

我们在一生中会遇到亲友的死亡，而在童年的时候，遇到这些事尤其使我们感到悲伤。我们自然还会遇到自身的死亡，虽然一般来说它离年轻人还很远，但也可能很近，因为死亡有时也会猝不及防地袭击年轻的人们。

而最令人恐惧的可能还是超越于这些特殊情况的一般的死亡、普遍的死亡，甚至可以说是永恒的死亡。也就是说，当我们想到：所有人都不免一死，以及整个人类也可能在某一个时候毁灭。如果每一个人都是世界上的过客，甚至人类也只是宇宙的过客，那么人的生存，这一短暂的瞬间有何意义呢？

死亡执拗地不肯退出我们生命的视野。死亡是一个生命的问题，而且是一个生命的自我意识的问题，不仅要有生命，而且，要在生命有了自我意识时才会发生这个问题。

就像我们不知道我们的生前一样，我们也不知道我们的死后，但为什么我对我生前的虚无可以忍受呢？因为那时还没有过我，或者说那毕竟是已经过去了的，是从无到有；而死亡却是从有到无，是尚未过去的，是我感到越来越逼近的。

对于死亡的感受和思考，是必然地、或迟或早地要来到每一颗颖悟、敏感的心灵的。尽管它使我们感到深深的恐惧，但我们却不能不承受它。有一天晚上，我的孩子泪流满面地跟我说起了她的恐惧，我当时只能告诉她，我也曾经想过这些问题，而且，很多很多的人也都想过，也都害怕过，但他们仍然活着，仍然好好地活着。

生命有它自己的逻辑，只要我们耐心地忍受，勇敢地坚持，这一切都会过去的。

对死亡态度的坦然，或者说一种安慰，也许就在于，死亡是必然的，也是自然的，就如同瓜熟蒂落，那么当我们离去的时候，让我们感谢哺育过我们的大地吧。

而且，我们怎么知道死后的情形，我们怎么知道那时是一切虚无呢？我们只知道死亡与活着不同，死亡是我们现在知道的一种生活的结束。也许，死亡就像爱默生引用的那句不朽的诗句：

如果我的小船沉没，

它是到了另一个海上。

珍惜生命

我们都知道司马光小时候打破缸救出一个溺水的同伴的故事，现在我们假设那是发生在这样一个人家里，这家的主人，也就是那口缸的主人抱怨司马光说：“你为什么不跳到缸里去救人呢？这样缸就不会损坏了，你也还是有可能把那孩子救上来的，如果这样，岂不更好？或者，即使你没有把那孩子救起来，甚至你自己也死了，但至少大缸不会损坏，我们还多了一个小英雄。”

这些假设显然是不合情理的。如果真有说这些话的人，那他一定是一个非常冷酷的人。

对于人来说，人的生命比什么都重要，尤其是孩子的生命，远比一口缸重要，比一只羊重要，比一栋房屋重要，比一片树林重要，所以，当发生火灾的时候，抢救人远比抢救物更重要，抢救孩子又比抢救大人更重要。

而在救别人的时候，还要考虑力所能及。孩子啊，我们除了要有一颗勇敢和挚爱的心，也要有冷静和智慧的头脑。

我们今生可能确实会碰到不站出来就会后悔、不站出来就会被钉上耻辱柱的时刻，就像在克拉玛依火灾中一些不顾孩子、只管自己仓皇逃命的人所经历的时刻，但我还要补充一句，这主要是在我们长大了的时候。

你们现在还很小，生命的道路还很长。确实有一些很危险却必须做的事情，那也应当由我们大人来做。

有一部老电影叫《瓦尔特保卫萨拉热窝》，其中抗击法西斯的地下组织有一次危险的接头，一个老人知道了，他不让自己的孩子去，说：“不，你们要活到战后，去享受和平。”结果他去了，被密集的枪弹打中，倒在了接头的教堂前。

但过了一些年，萨拉热窝又打起来了，士兵们互相射击，平民们也生活在炮弹不时从天而降的天空之下。那里的一个小女孩每天在阴冷、潮湿的地下室里写她的日记，她写道：“大人们为什么要打仗？”

小女孩的日记已经在世界上广为流传，但战争还在继续，可见大人们常常也并不比孩子们更聪明。

人当然不能苟且地活着，不能丧失尊严、毫无廉耻地活着，不能在牺牲和伤害他人的基础上活着；而且，我们应当使那种要么苟活要么赴死的境况越来越罕见；而这些也并不与珍惜生命的真理冲突，甚至它就包含在这一真理之中。

总之，我们要记住，生命是最宝贵的。你的生命、我的生命、他的生命，我们每一个人的生命都很宝贵。我们必须好好地珍惜这生命。

处置自己生命的权利

有一个困难的问题是：我们对自己的生命有没有权利？或者说，有多大的权利？我们对自己生命的权利是否包括结束我自己的生命？

我们对我们自己的生命，的确有一种权利——相对于任何他人或社会更优先的权利。因为，我就是我生命的主体，这生命首先就是肉体的生命。我的疼痛，就是我的疼痛；我的快感，也就是我的快感。如果我不说出我疼痛，甚至连最亲近我的人也不知道这疼痛；乃至我说出来了，非常心疼我的人也还是知道得不如我自己真切。然后，还有我心身综合的一切，我的存在，我的认同，我的连贯。我，仅仅我自己，就是那个人们见面时以我的名字称呼的人。我必须对我的行为负责，这是我自己做出的行为。我必须对我的生命负责，因为这是我自己的生命。我也拥有某些不可剥夺的生命权利，我的人身不应受到无端侵犯，我应该得到生存和成长的基本生活资料等等。只要不侵犯他人，我还有权利自由安排自己的生活，自由处置自己的身体，自由地追求我自己所理解的幸福。

但是，这种处置自己生命的权利是不是绝对的呢？极端地说，它是否包括可以随时结束我的肉体生命的权利呢？换句话说，人对自己生命的权利是否包括自杀的权利呢？

有一天晚上，我在北京大学的教室上完课，人群散尽的时候，一位年轻人突然站到我面前，说他已经决定今天晚上12点要在教学大楼的楼顶跳楼。

我看到他痛苦而严肃的样子，就说那么我们先谈谈吧。谈话不知不觉持续到了十二点半以后，我说："你看，你预定的时间已经过了，你觉得怎样？是接着谈还是回去？"他也放松了，说："那我今天就回去吧。"

我到现在也不知道他的名字和身份。我们没有谈这些，我们谈论的是另外的事情。他可能是一时心情绝望而产生了自杀的意图，只要过了那个特别抑郁和悲观的时刻，他就再也不会自杀了。

我想，我们对自己的生命并没有绝对的权利。因为这生命并不是完全属于我自己的，它的孕育、存活、成长其实包含了我的父母、我的亲人、我的朋友和其他许多知名和不知名的社会成员的付出。于是，对自己生命的权利就同时还是一种义务：你获得了你的生命，你因此负有这样的义务和责任，你必须保有这生命，乃至还必须发展这生命。生命是自然而神圣的。每一个体的生命都有自己的消亡，但它应该是自然的，而不应是人为的。

有一个春天的上午，我和我的孩子、妻子去了南京的燕子矶。面临长江的峰顶上据说曾有一些人在此跳到高崖下的漩涡中自沉，后来在这个地方立了一块陶行知先生写的牌子，我们看到了这块牌子，上面写着：“想一想，死不得”。据说这块牌子救了不少意欲轻生的人。

的确，我们在任何厌世的时刻都不妨先认真地“想一想”。有许多你当时觉得很重要的大事：你可能被一个老师不公平地责骂了一次；也可能被一些不懂事的同学欺负了；甚至还可能是被自己的那个亲人误解了。你就想不开了。但是这些事情其实远不是什么大事，你过后都会觉得好笑：这样的事情也能打倒我？你还正值青春，你还有整个的生命，你不能用自己的生命来证明自己或报复他人，这太不相称。

当然，我们对一些自杀者也无法过于责备。自杀有各种各样的原因，我们的心情沉重，我们表示哀悼。我们甚至还需要去理解，有些得了绝症，有些身体被它折磨得非常痛苦的老人，他们选择了安乐死。但至少，自杀的权利永远不属于少年。

有一位婆婆，她自己已经九十多岁了，还在照顾六十多岁的智障儿子。她朴素地说："他还活着，我怎么能死？"她的身体已经收缩得相当佝偻和瘦小了，但她是我们时代真正的伟人。也就是说，除了责任感，还有一种对生命的爱，使我们永远不会轻掷自己的生命。

化解对死亡的恐惧

在我自己幼小的时候，当我慢慢了解到“死亡”的含义，想到一个“死去的人”就意味着他/她永远地走了，不再出现了，我可以感知的、在他/她那里的一切生动和温暖的东西就不复存在了，我会惊恐地想这怎么可能？世界怎么会这样？我试图否定死亡，但还是会发现死亡。为此，我只能缩小范围，只是希望“死亡”千万不要发生在我亲近的人身上。我曾经极其恐惧亲人的“死去”，为此想了又想，怕了又怕，连大白天的时候都害怕，到了夜里就更不知怎么度过，于是，总以各种理由延迟关灯和重新开灯。

好在小时候家里人多，几乎没有独处一屋的时候，于是也就这样慢慢地过来了。

而且幸运的是，在我童年的时候，并没有亲人的故去，当我的祖母、母亲离开的时候，我已是中年，已经有了自己的孩子，已经能够相当坚强地承受这一切了。

孩子是有差异的。有些孩子不会太多、太沉重地想起死亡的问题；而有些孩子就可能会较多地、也很绝望地思考这些问题。有关死亡的问题，如果孩子没有直接问起，如果没有直接面对的死亡事件，或许可以不有意去说起，不特地去“教育”。但是，我想我们即便不主动说起，却一定要仔细地去观察：如果我们的孩子无端地闷闷不乐，如果我们的孩子突然开始非常害怕黑暗，那么，我们也许就应该非常用心而又小心地去寻找原因了。而且，今天的孩子还基本上都是独生子女，大多有自己的房间。

我们最好不让孩子独自承担这世界上最大而又最令人恐惧的秘密，而这可能是一个主要不是要用脑子，而是要用心灵去回答的问题。我们要保持与孩子的心灵的沟通，要让孩子至少能有一个对他/她可以说出自己一切最隐秘的事情，最害怕的事情的亲人。而当孩子说了，我们也不要轻易地打发这样的问题，甚至不必急于给出答案式的回答。我们要理解，孩子的承受力和大人是远不一样的。我们要问清他/她害怕的缘由。哪怕我们一时不易说出什么，也可默默地握住他/她的手，或者拥抱他/她，表示你已经理解到这个问题的真实和重要，且无论是什么重负，我们都可以共同分担。

我们要告诉他/她，每一个人的死亡的确是必然的，但只要我们互相珍重、各自珍爱，生命的路还很长很长。哪怕仅仅是为了孩子，大人们也会好好地活着。我们要告诉他/她，我们的生命就是这样交织着所有人的心愿和期望不断地延伸，包括在隔代之间延伸。

如果说孩子对死亡的恐惧就像黑暗，那么，我们的确需要在黑暗中点亮一盏灯，我们还要告诉他/她，黑夜终将过去，而一个明朗的天又将来临。我们毕竟是因为死才更深切地知道生。我们也是因为死，才更深切地知道爱。因为死，我们才知道我们对我们所爱的人的牵挂有多长、有多深。我们要通过对死亡的认识而更加珍爱生命。关上一扇门的同时，也就打开了另一扇门。有一颗果子掉落下来，也就会有新的种子发芽萌生。

心怀生命

第二辑　人与自然

生命相通

几十年前的孩子远没有现在城里的孩子这样多的学习和生活上的便利条件，他们没有电视、电脑、冰箱、游戏机，但他们和大自然更亲近。

那时候，有一群孩子下了课经常到一片生长茂盛的树林里去玩耍，相互比着看谁爬得最高、最险，他们有时也攀折树枝做“武器”，或者采集所谓的花叶“标本”，他们在树上的技巧可谓“登峰造极”，快乐的心情也是无以复加，但离开时树下往往是一片狼藉。

这些孩子唯一害怕的是一位女农技师，只要被她看见，她就会大吼着、不顾一切地从远处跑来，虽然总是不等她气喘吁吁地来到跟前把孩子抓住，孩子们早就跑得无影无踪了，但这么快乐的事情被她搅了，孩子们心里总是恨恨的，觉得她真是天底下最讨厌的人。

一个春天的下午，她和一群农工下班回家，路上他们聊了起来，她想要一个好锄头把，一个农工指着一棵高大挺拔的树上一根生得特别直的枝干，说这根枝干不仅很直，而且质地坚硬，最适合做锄头把。没想到她却摇了摇头说："我舍不得。"

农工们觉得奇怪了，这有什么舍不得，这不就是一棵树的枝干吗？明年春天它不是还要发出许多这样的枝丫吗？但她还是说："我舍不得。"农工们坚持着再问下去，她终于有点不好意思地说了一句："我心疼它们。"

心疼它们，也就是说，她觉得她和它们是一体的，对它们的伤害也就是对她的伤害。

所有的生命都是相通的。在很久很久以前，在还没有人的时候，人的潜在的始祖和其他的动物共享着生命；在更久更久以前，它甚至仅与植物共享着生命，“人”就是其中的一根枝条，甚至一滴汁液。

远古如此，今天亦然。我们——植物、动物、人，有一个共同的名字叫“生命”，我们——植物、动物、天地、人，有一个共同的名字叫“自然”。

人是属于自然的。在中国，有一种最古老的智慧叫作“天人合一”，它首先意味着：人是包容在天地自然里面的，其次，人也应当在心里放着天地自然。

有一个人，觉得他曾经就是一棵树，他希望在他死去的时候，也在他遗体上种一棵树；还有一个人，曾经是一个伐木工，砍伐了数万棵树，有一天，他突然感觉到了一点什么，于是发愿要和他的家人开始种树，当他垂老的时候，他种了十万棵树。

我们并不是要每个人都做一个素食主义者，或者一个行为谨小慎微者，但是，我们千万不要以为人就是世界的主人，人可以仅仅凭自己的理由，就对自然界及其中的生灵做一切事情。我们与其说是应当去战胜和征服自然，不如说是要去做自然的朋友，与自然界达成某种和解，与所有其他的生命达成某种和解。大自然是我们的母亲，我们不仅是从她那里来的，今天继续依赖着她，她还是我们的归宿。

新的生态观

2000年我参加中国南极科学考察队去南极。那里没有什么绿色草木，甚至没有土壤，是不适合人类居住和生活的。它在人类发现它之前是一个无人世界，即便在今天，它也没有常驻居民，在那里生活的人都是定期轮换，小心地生活在一种人工保护的环境里。

遇到大风雪，常可看到人们穿着厚厚的羽绒服还在瑟缩发抖，在门口逡巡，不轻易出门。而此时企鹅、海豹们在冰冷的海水中，就像在家里一样快乐地嬉戏，它们轻捷地跳跃、环游，从岸上“嗖”的一声就入了水。这时，你会感到，它们才是南极的主人。

然而，也许恰恰由于南极多少万年来一直是一个无人世界，以及它今天在很大范围内仍然保持着一种原生状态，反而可以帮助我们从一种长远的观点来认识自然，认识人与自然界的关系、人在自然界中的地位，乃至人类自身、人自身存在的意义。

这首先是使我们确立一种新的时空观，使我们从长久乃至永恒的观点来看问题。时间的单位一下拉长了，变慢了。不再是以年、月、日计时，而常常是以百年、千年、万年计时。在南极看到的一片普通的苔藓，可能就拥有和人类的几千年文明一样长的历史，它可能数百年才长一厘米。而且，你看到它，很可能就是人类的视线第一次接触到它。在南极会有许多这样的“第一次”的经验。许多美丽的自然景物并不因你的到来才存在、生长，才美丽，它们千百万年来就是这样存在的。

人类只是南极的客人，虽然这客人凭借其强大的知识和技术优势很容易“反客为主”，取得对其他动物乃至地球的某种可以“称霸”的地位，但人类绝不可真的就因此而横行霸道。包括人类的整个自然界是一个由各个环节构成的整体，缺了某些重要的环节，人类也将无法在地球上生存。也就是说，仅仅从人类中心论的立场放长眼光看到全体，也将得出人不能骄矜的结论。而进一步说，人类还应该改变过去的一些观念，尝试建立一种新的不总是以自己为中心的生态观。我们不要把自己摆在自然之上，而是要摆在自然之中；不是要做自然的主人，而是要做自然的朋友；不是要去征服自然，而是要去亲近自然，与之休养生息以共存。

在我小的时候，我们经常会唱一支好听的歌，里面唱道：“小燕子，穿花衣，年年春天到这里。要问燕子为啥来，燕子说：‘这里的春天最美丽。’”但最后的歌词却是让孩子告诉燕子，明年的春天你们还要来，因为那时这里会有更多的机器和烟囱，因而这里的春天会更美丽。也还记得那时候参加各种卫生运动，经常做的一件事情就是到处去铲除青草、驱赶鸟雀。

回想起这些，我们就会发现我们毕竟还是进步了不少。现在大概谁也不会以冒黑烟的烟囱或光溜溜的泥地为美了。

特殊景观的意义

有一些独特的自然景观对某些个人有特殊的意义，有些人去了一次西藏，就再也离不开了，即使吃尽苦头、付出巨大代价也总是要去。这种景观唤醒了他们心中的某些东西。他们极其珍视这种东西。在这种契合中，这种景观必然具有某种独特性，而这个热爱这片风景的人心里也必然具有某些独特的东西。两者缺一不可。有时还要正好在某种心境、某一年龄之下，他才能充分地感受某一特殊风景。

但人也并不是在这种特殊景观前就无所作为，只能被动地等待它到来。两者的契合还需要主体的某种努力。这样，经常使自己的心灵保持一种对于外部世界、对于自然界的敏感与好奇就是十分重要的了。因为，即便面对最壮观的景色，也不是被动地等待就能自然而然地使心灵受到巨大的震动。

所以，最好的情况也许是：一方面一直有某种期待、某种渴望、某种积极的参与和主动行为，另一方面，当你发现某种特殊的景色时，还是使你始料未及，仍然完全像是你“无意”中发现的，你感到和你所预期的并不一样，你感到了突然的惊喜，经受了巨大的震撼。这时你也许方可以说“你的西藏”“你的瓦尔登”。

我在南极也曾有这样一次经历。在我到达乔治王岛的第二天早晨，有两个捷克人来喝茶，谈起他们在露营，等待天好时渡过菲尔德斯海峡，用人力划船到对面的纳尔逊岛去。我当时就起意：想去探访他们的露营地。后来寻觅到那个地方之后，不巧他们不在，我看那里离海滩东南端的山坡已经不太远，就很想再走到那边去看看。当我踏雪翻过一个山口后，立刻被眼前的景色震撼了：巨大的纳尔逊冰盖突然横陈在我的面前，在阳光下闪闪发光。它既像是远在天边，又像是触手可及。它隔着我们暂时无法渡过的海峡，构成一种巨大的诱惑。我想，这一眼是我永远也不会忘记的了。我想说，这就是南极、我的独特的南极，或者说，我的独特的南极的开始。

我想，我第一次走向那里的时候并不清楚会看见什么，但重要的是：我确实想看见什么，我不想等待。

幸运的是，我也确实看到了震撼我心灵的景观，它大大超出了我的预料。

后来，我又多次独自或结伴去那里看纳尔逊冰盖，几个难忘的场景是：一次是在风雪跋涉十来个小时以后的一个黄昏，我在风雪初霁中回眺纳尔逊冰盖，在浓重的云层底下，天边显出一抹神秘的亮色；又一个拂晓，我在那里观看了壮观的冰盖日出；我也分别从地质学家岛、从海上的快艇，甚至遥远的巴登半岛上观察过纳尔逊冰盖。

最后，我两次登上了纳尔逊冰盖，我进入其中，我触摸到它了，我躺在上面感受了那冰冻了千百万年的寒冷。

我想，我再也不会忘记纳尔逊冰盖了，它已经进入了我的心灵深处。我也可以说“我的纳尔逊”了。

生命的自我修复能力

“阿德雷小道”是我给从乔治王岛通往阿德雷岛（企鹅岛）的沙坝起的名字，我从我宿舍的窗户就能远远地看见它。它常常淹没在海水里，要在退潮的时候，而且是退大潮的时候，它才比较清楚地露出一线。

一条路，尤其是一条时隐时现的路，一条大半时间埋在水中、只是露出一小会儿的路，本身就很独特而构成一种诱惑，而且你总是看到它或期待着它，它又通向你想去的地方，不免要勾起一种强烈的愿望。尽管我也知道企鹅岛并不能随便去，那岛上有智利南极站的企鹅观测点和保护点，每次其他站的人去都要集体行动，并事先征得他们的同意，但心里还是一直有一种隐隐的渴望。

到长城站不久的一天下午，我顺着海滩往那边走，我并不知道要走到哪里为止，我只是喜欢那海浪、那雪和那风，还有那站立的企鹅和躺卧的海豹。不知不觉我就发现自己已经走了很远，已经到了阿德雷岛的近旁了。

对着我的阿德雷岛的一面，正好是比较平缓的一面。在我面前，出现了数片青色的苔原，这是我来到此地第一次看到这样多的绿色，心里一下就热起来了，几疑又处在江南的春天。

这时又恰逢退潮时分，一条呈弧线的小道越来越清晰地出现在我的面前。说是“小道”，其实有些地方很宽，并且比较平缓，都是海沙漫过来的。我慢慢走上了那条小道，一直走到小道的尽头，又往阿德雷岛走了数十米，就没再深入，退回来了。

我知道，在相当长的一段时间里，我心里一直有一种忧伤。而去南极之前更是我最痛苦的一段日子。但是，那天我猛然看到了那样一大块绿色，感觉到了一种生气勃勃，那天又恰好是一个少有的暖和晴朗的日子，风不冷，雪融化淌下的溪流正在欢快地奔涌，天空还不时露出阳光来。我脱掉了外面的羽绒服，竟然可以只穿着衬衫，大踏步地走回来，身上甚至出了一点点汗。

好像每年都会有一次这样的时候，在多雪的冬天过后，你突然有一天感觉到“春暖花开”，突然发现春天来临，精神于是为之一振。一种巨大的生命的欢乐突然充满了你的心灵。走在山野间的你突然想引吭高歌。

南极的夏天经常让人觉得就像是内地大陆的冬天，而我现在感觉到了春天。周围的景色也都好像是江南的初春，我好像回到了我小时熟悉的村庄、小路，我的心灵甚至身体也都回到了童年。我大步走着，大声唱着，身外的生命和身内的生命有了一种神秘的契合。我感到一种热力的涌流，那是生命在长期蛰伏之后最初的，也是最好的表现。

生命中有时会有漫长、漫长的冬天，甚至加上漫长、漫长的黑夜，就像南极冬天的极夜。在这样的时候，我们得耐心地忍受和坚持，相信生命有一种巨大的调节能力，甚至对创伤也有一种巨大的修复能力。“不会总这样的，不会总这样的。”也许我们这时候只能喃喃自语而再没有别的办法，但就让自己忍耐下去吧，等待着晨光微露和春光乍现。这是我们的信心，也是我们的努力，我们要永不放弃希望，希望可能就真的来临——比我们的预期还早地来临。

生存训练

亚尔达是一般所称南极纳尔逊岛“捷克站”的站长，我见到他的时候他已经57岁。他大学毕业后曾担任滑雪教练，还担任过救援队副队长，也参与和组织了多次登山、探险和生存训练活动，如1984年用41天时间穿越冰封的格陵兰岛；1986年环游安哥拉，穿越沙漠和丛林；攀登阿尔卑斯、大高加索等各处山峰，包括4次攀登喜马拉雅山脉的山峰等。

但他最重要的事业还是南极。1987到1988年，他随一条波兰船第一次到南极，就爱上了这块常年冰雪覆盖的土地。然后从1989到1990年年初正式建站。在这期间，他每年至少来南极一次，有时两次，还有的年份甚至三次。这个站不属于国家，而属于民间，由亚尔达自筹经费、自我管理，它也就不像别的站那样站长是定期更换的，而是长年就他一个站长。

亚尔达的南极小站比起其他国家的科考站来设备极其简陋，但却已接待了各个国家的近百个不同职业的人来此居住考察和体验。亚尔达说，他并不喜欢挑选无所畏惧的人来站，反而喜欢有所畏惧的人。勇敢但有所畏惧的人知道自己的限度，知道什么事情自己能做，什么事情自己不能做或者需要极其谨慎小心地去做。

来亚尔达小站的人有不同项目的活动内容，而第一项就是生存训练。来此者要过一种非常简单的生活，一天吃两顿饭，食物是简单的土豆粉、小黑豆等，住得也很简陋，有时要在外面露营，总之是要学习在一种比较极端的情况下生存的技巧。

亚尔达总结遇到危险时的十条生存原则是：

一、保持冷静的头脑。

二、想办法找火取暖。

三、找水源和食物。

四、保持活动状态。

五、任何时候都要留有储备。

六、如果是几个人，要由一个人来做决定，其他人服从命令。

七、一旦停下，立即穿上衣服保暖。

八、尽量喝水，一天要喝三四升。

九、保持沉默，少说话。

十、要有所畏惧，不能什么都不在乎，不能太冒险。

在我看来，亚尔达的这些生存原则是相当简明有效的。不管是碰到什么危险，首先是要冷静，冷静是为了思考。立即开动脑筋思考，尽量调动自己积累的各种知识资源，探讨各种潜在的可能性，就有可能在哪怕看似绝望的情况下想出办法，而慌张、恐惧、抱怨等情绪只会贻误时机，于事无补。

第二、第三、第四及第七条的内容和次序更带有在南极条件下生存的特点，正如亚尔达所说，要在寒冷的环境中生存，最重要的是保暖，其次是水，然后才是食物。人没有食物也还能支持十几天甚至更久，没有水则只能支持几十个小时，而寒冷则可能在数小时甚至数十分钟里就致人死命。在这种情况下进入迷糊或睡眠状态也是很危险的。后来有一位壮士王刚义到南极的冰水中来挑战长泳世界纪录，在他游了 52 分 42 秒上岸后的第一个小时里，我们必须不断拍打他的身体让他保持清醒，绝不能让他睡过去。

第五条是指总是尽量要为可能更糟的情况留有储备，为自己留有余地，包括第八条的多补充水分也是如此。而第九条“保持沉默，少说话”则是要尽量节省精力，减少付出。第六条也很重要，在紧急情况下一个遇险的群体是必须要有权威的，容不得翻来覆去的质疑和挑战。

1993年，在乔治王岛附近的海域，曾发生过一次使两个科考者丧生的悲惨事故：他们划的小船在韩国站与阿根廷站之间的海面上永远地消失了，人们再也没有找到过他们的任何踪迹。2003年又有8位韩国南极科考人员在那里失踪，最后1人死亡，而在亚尔达负责的项目计划里还无人受伤和丧生，亚尔达的生存原则和经验看来还是相当起作用的。

我们每一个人都有自己不同的生活环境和可能遇到的不同的危急情况，我们需要做有心人，不断总结自己的生活经验，归纳出自己的生存原则。但是，类似的情况又毕竟有一些共性，比如在遇到地震时怎么办，遇到火灾时怎么办。如果我们预先在知识上有所准备，进行过有针对性的训练，有些事故和灾难中的伤亡也许就能大大地减少。

“雄性”的培养

如果在一个小家里，有了一个儿子呱呱坠地，父亲不再是这家里唯一的“雄性”了，他要从父亲的角度来考虑对这个男孩最重要的事，他会把什么放到前头呢？会按照什么次序来教育这个孩子呢？

以下只是我的一点考虑，作为一个生活在城里的父亲的考虑。

我会首先将接触和亲近大自然放到第一位。我会尽可能早地让他在户外活动，尽早地让他见识一下外面的太阳和月亮，感触一下流动的水和新鲜的空气。再大一点就背着他去爬山、远足，在农舍吃饭，看那里的小狗、小猫。等他会走路之后就能更多地带他出去了，也走得更远了，并鼓励他自己走路，走各种各样的土路、山路、弯弯曲曲的路，直到他喜欢走这样的路胜过走平坦的柏油马路，直到他喜欢自己发现新路胜过走老路。要让他知道田里的庄稼是什么样的，知道挑水的井是什么样的，知道屋瓦和草棚，分辨苍鹰与雨燕，见识司马光救人的那种盛水大缸，知道在饥渴时像孔融一般让梨并不容易。要让他经受突如其来的山雨，在电闪雷鸣中躲避，看雨后斜阳中出现的彩虹。要让他细细观察来回垒巢的小鸟、逆水而上的小鱼，要让他不害怕在草丛里爬过的蛇、树叶上蠕动的毛虫。让他结结实实，经得起摔打。要让他对首先是一天然后是四季的循环敏感，被随时随地的美感动。

中国的父母容易过分地呵护孩子。有个故事说一些中国游客严冬到西伯利亚的一个城市旅行，他们自然被包裹得很好，但看见一些老太太竟把婴儿车放在户外，让孩子静静地在寒冷但清新的空气中安睡而不禁有的震惊、有的大惭。的确，正如梭罗所说，现代人可能都被过于时髦地烘烤了。

其次，我还要让他喜欢书，努力培养能保持终身的阅读习惯。这是另一个世界，是一个安静的世界，是处处是“人的痕迹”的世界，是一个文化和精神的世界。书能使一个孩子遨游古今，走到天边外。书能使一个孩子和古今中外最好的人交往，和最高的智慧接触。书带来想象，带来虚构，带来一个直接感知之外的世界。有什么能使一个孩子最快地入静，难道不是在一个角落里手执一本书？有什么画面更令人感动，难道不是一个孩子手执一本书陷入憧憬？他要通过阅读来学会选择，养成鉴赏的趣味，培养格调和品味。当然，养成阅读的习惯是难的，但一旦养成就不容易丢掉。当然，读书也要有选择，我这里只说一点：还需要多看一些洋溢着户外甚至荒野气氛的书。

有了这两方面，对一个男孩子自己来说其实差不多就够了，他应当可以相当自足，他也应当首先学会自足。但他并不可能独自生活，他也不应该独自生活。所以，他还要有伙伴。爸爸妈妈自然也是他的伙伴，但他还要有和他差不多大的伙伴。他要学会合作，学会妥协，也学会斗争，学会竞争，但不是那种下三滥的乱斗，不是那种给人使绊子，也不宽恕失败者的竞争。他要学会集体的游戏和游戏的规则。他要有自己的朋友，也有自己的对手。但即便是敌手，他也能欣赏对方的优点。的确，他的伙伴并不一定要很多，如果他的天性是有点内向的话，但一定要有。要有几个最好的朋友。要告诉他结交新知，更懂得保持旧友。要有基本的同情和诚实，这是两条与人交往需要最早把握，也是需要坚持终身的原则。我们要教会男孩子忍受自己的痛苦，但对别人的痛苦却不要麻木不仁；教会他们承担自己的责任并努力争取成就，但对失败者却能够理解并宽容：并不是所有的努力都能结出成果，你的成功除了努力之外，还可能是因为比别人更幸运。要敢于展现自己，更要学会自己默默用力。要不怕失败，并由衷地为朋友的成就感到快乐，这样就无形中使自己快乐的源泉扩大了许多倍。

有人也许会问：你怎么没说到学习那些现代化的、先进的技术和知识？比如学会使用电脑学习软件，观看电视教育节目等。的确，我是把它们放在很后的位置。我知道我抵挡不住男孩子们喜欢新鲜技术的兴趣和潮流，但我不必在这方面做过多的鼓励，更不会迷信这些手段。在这样一个时代的氛围里，他们是容易学会这些的，但我其实希望他们不要太早接触这些，而且，我希望他们对电子、机械的兴趣不要超过对自然和书籍的兴趣，或者说，后者将是永远的底色，永远不变的陆地。也不要相信所谓“知识爆炸”、“信息爆炸”的说法，许多“知识”和“信息”其实只是重复、泡沫，甚至垃圾。

我在这里并不是要谈对一个男孩子的全面培养，而是特别强调对他们在阳刚之气方面的培养，或者说男孩个性中“雄性”的培养。而且以上所说有些是对男孩女孩都适用的。但无论如何，男孩还是应当有一些和女孩不同的天性和培养方式，男孩子就应当像男孩子，女孩子就应当像女孩子。当然，在男孩中间也还会有许多细微的不同。我们得努力去认识每个男孩的独特世界，根据他们的特殊情况，有时更重视“扬长”，有时也注意“补短”。我们还要让男孩子知道尊重和爱护女孩子，努力培养他们的一种绅士风度，告诉他们欺凌女孩子是可耻的。我们希望他们在刚强中藏有一份温柔。男孩子应该蛮一点，应该经得起摔打。一个男孩子若老是哼哼唧唧、哭哭啼啼，是最让人瞧不起的，但这并不意味着他应该对人野蛮，尤其不能对弱者使蛮，不能对老人、女孩使蛮。他的勇敢也应当是一种内敛而非张扬的勇敢。

人为什么要探险

人为什么要探险？首先可能是由于强烈的好奇，山那边是什么？海上会不会飘来白帆带我远行？远方有怎样奇异的人民和国度？我们从孩提时代起就渴望着远方，渴望那遥远的、奇异的世界。现代人信息和交通便捷的生活确实相当程度地满足了人们的好奇心，但在相当程度上又削弱或淡化了人类的好奇冲动。我们早就知道了地球是圆的，世界有几大洲，大洋上有些什么岛屿。我们可以相当安全甚至舒适地到处旅游、住宾馆，跟着导游“观光”（sightseeing）——一个有时会让你觉得挺没劲的字眼。随着人类知识、理性和信息世界的扩大，却有可能是人类意志、想象和冲动世界的缩小。

古人的探险发现本来很慢，自哥伦布以后就大大加快了。现在已经没有什么“新大陆”或“新大西岛”让我们可以代表人类去发现了。于是，我们要给探险一些新的“名目”或“说法”，前人经历过的，我们毕竟还可以自己再经历一次，我们可以真正使探险变成“探险”，即真正是要去“涉险”，甚至“设险”。我们想在危险中激发生命，体会生命意志的乐趣。比如说徒步穿越大戈壁，只身漂流澜沧江。这时，获得新知相对于体验生命已退居第二位。生命珍贵，然而，有时候，越是珍贵的东西却越是有一种一掷它的豪情和快意。至少我们可以体会到一些艰难困苦。生命在边缘处反而愈加显示其意义和深刻。

所以，如果说以前的探险也许更多地是为了发现，现代人的探险则更多地只是为了探险而探险了。这倒使探险变得更为纯粹了。以前的探险常常是代表人类，载入史册，现在的探险则常常只代表你自己，你可以留下你自己心中的记录，测量你内心的纬度，你可以知道自己能经受什么，会畏惧什么和不畏惧什么。

如果这世界上满是探险者乱跑，不时这里或那里传来噩耗，当然也不好。包括探险者自己也经常还是需要一张安逸的床。问题可能是总有这样一种人，这种人可能不是很多，他们天生不安分，他们说什么都不愿老死在床上，不愿总待在写字间里，他们注定需要困苦和危险。如果这世界上已经没有多少危险和困苦，他们甚至需要自己去创造它！

为什么不呢（why not）？我耳边老是响着亚尔达站长说的这句话。他已是满头白发，却还是每年去南极，住在一个冰盖的荒岛上，过非常简单和刻苦的生活。有一次他把一个哲学家也带去了，那哲学家真的像犬儒派一样在一个木桶里住了一周。有一次他带去了一个捷克的著名歌手，晚上那歌手在吃饭的小桌底下试着睡下，好不容易才摊开了四肢躺下来，说“这地方很好”，就一觉到了天明。

无论如何，探险是一种生活方式，自有人热爱这样一种生活方式。有些文明世界里的弱者，却可以成为荒蛮的自然界里的强者。他们不善于和人打交道，不善于和文件、电脑打交道，却擅长和那山、那河、那海打交道。有时他们探险的动机甚至就是为了逃避。多次独自徒步走长城和穿戈壁的刘书田刚回到文明社会时，跟人打交道时连最简单的应酬话都不会说了。而他也许正是因为不善言辞和交际才去山野里游走的，他在那里更感到惬意。当然，还有一些探险者可能有多方面的能力和冲动，他们既是文明世界的弄潮儿，又能享受蛮荒世界之乐。问题也许是弄清我们自己是哪一种人，如果我们自己不愿意冒险，我们也还是可以试着理解和欣赏那些热爱冒险的人——他们为人类保留了某种宝贵的野性和生命的元气；而如果我们自己内心深处就潜伏着这种冒险的冲动，我们为什么不试着“踹一踹”（try）！

小男孩独自远行

有一个小男孩叫谛谛，刚满六岁，初春的时候，自己乘飞机，飞越太平洋，从美国回到了中国。

年前妈妈在北京就打电话问他，是否可以独自一个人回来。谛谛想了想说，这样重要的事情，我要想想再决定。

原定的归期一天天临近了，对这次单独行动，谛谛自始至终没有说过反对，甚至没有说过一个“怕”字。但他会不断提出各种问题，反映出他心中其实还是有不少疑惧，这也许与近期美国接连两次的飞机失事有关，这使他脑子里产生了很多联想。他一开始是试图用各种方式回避乘飞机，比如自己在地球仪上找出坐火车走阿拉斯加经俄罗斯回中国的路线，设计之合理，被姥姥认为日后如果真要修亚、美跨洲铁路一定就是用这条路线。可他的设计一提出，姥爷就告诉他，这条路线有很多地方目前还没有铁路，要用狗拉爬犁载运旅客，可是速度太慢了，有些地方至今除了探险者外还没有人走过呢！

他知道他要乘坐的飞机有四个发动机，就问两个甚至一个发动机的飞机能不能飞越太平洋？显然是在考虑万一有发动机失灵，安全是否还有保障。姥爷耐心地给他解释他要坐的将是当今世界上最好的飞机之一，而且飞行路线靠近他的“铁路线”，万一有事，燃油也够就近在陆地降落。

为了解除心中的疑虑，谛谛这段时间里还问了好多问题。甚至和姥姥周末去游乐场玩也会建议玩一些有关的游戏做演习，比如他自己玩滑梯，高高地站在上面称自己是“飞行员”，让姥姥待在秋千上不要荡，看看自己能多快从出事的“飞机”滑下跳到姥姥的“救生船”上。

出发前最后一餐全家按惯例吃饺子，谛谛内心的斗争一时间暴露出来，有点委屈地说：“怎么总是让我做这么难的事儿呢？”然后说：“我不一个人走，我要和姥姥五月份一起回去。”

在谛谛情绪又起波澜时，大家没有说太多话，只是小姨妈说，当年扬扬哥哥八岁一个人坐飞机，甚至没有找空姐，一路也很安全，现在谛谛还可以委托空姐关照啊。何况，姥姥现在也没有飞机票，谛谛自己的票也不能改期了。

谛谛没说什么。几分钟后，他改变了态度，自己主动宣布：“那我就自己走了。”而一旦决定，他就再也没有反复，甚至催着家里人抓紧时间出发去机场。上了飞机之后，他还借一个“空哥”的手机给送行的亲人打了电话报告顺利。

姥爷总结说：谛谛不盲从，不傻大胆，他想得很多、很细，这么爱想事情的一个孩子要独自走这么远可不容易，内心还是有许多怀疑和恐惧。他需要讲理，需要排解，把事情说透彻，将心中的结一个个都解开，就能平静和理性地接受本来难以接受的事情。

飞机飞行了十二个多小时到达北京。望眼欲穿的爸爸妈妈和托尼哥哥早就站到了出站口等着，还说看看谁能最先发现走出来的孩子，为此特别占据了一个能看到里面最远的有利位置。没想到的是，爸爸突然发现谛谛躲在一个阿姨身后出现在爸妈眼前，他是故意和爸妈“藏猫猫”呢，他喜欢把什么事都变成玩，而他的心情也的确轻松愉快。谛谛告诉大家说他下机后很容易地就认出了他托运的两件大行李箱，上面贴着他画的飞机，拴着福娃做标志。

爸妈读到了这个航班的空姐记录谛谛一路上情况的短信，信的最后说：

“小朋友不是第一次乘机，但是第一次自己坐飞机，却并不害怕，很勇敢；起飞前一直在跟邻座用英文交谈，很可爱，很惹人喜欢。希望下次再在航班上遇到他！”

谛谛自己说，我没有怎么麻烦空姐，我的邻座是个美国人，他告诉我怎么调整座椅睡觉，放下小桌吃饭。可惜我问他“为什么飞机起飞时飞机里面要关灯”，他没有答出来。我吃了两次饭，睡了一觉起来看到窗外有数不清的星星，下面好像是大海。我知道这架飞机有四个发动机，万一有两个坏了，还有两个可以用，所以不害怕。

这一路看来的确平安顺利，没有多少困难。对这个孩子来说，可能最困难的是克服内心的孤单感和疑惧，而他第一次战胜了自己内心的这种恐惧，并知道仅仅靠自己也能做到很多事情。

爸妈笑着问他，以后是否还愿意这样独自远行。他毫不迟疑、骄傲地说：“可以！”

父母真应该让孩子从小就有几次做这样可以让他骄傲的事情的机会。

心怀生命

第三辑　日常生活

生命的自我珍视

我读到过这样一个故事：有一个生长在孤儿院中的小男孩，常常悲观地问院长："像我这样没人要的孩子，活着究竟有什么意思呢？"院长总是笑而不答。

一天，院长交给男孩一块石头说："明天早上，你拿这块石头到市场上去卖，但不是真卖。记住，无论别人出多少钱，绝对不能卖。"

第二天，男孩拿着石头蹲在市场的角落，意外地发现有不少人对他的石头感兴趣，而且价钱愈出愈高。回到院内，男孩兴奋地向院长报告，院长笑笑，要他明天拿到黄金市场去卖。在黄金市场上，有人出比昨天高10倍的价钱来买这块石头。

最后，院长叫孩子把石头拿到宝石市场上去展示。结果，石头的身价又涨了10倍，更由于男孩怎么都不卖，竟被传扬为“稀世珍宝”。

男孩兴冲冲地捧着石头回到孤儿院，把一切告诉给院长，并问为什么会这样。院长没有笑，望着孩子慢慢说道：“生命的价值就像这块石头一样，在不同的环境下就会有不同的意义。一块不起眼的石头，由于你的珍惜、惜售而提升了它的价值，竟被传为稀世珍宝。你不就像这块石头一样？只要自己看重自己，自我珍惜，生命就有意义，有价值。”

这个故事自然不可能完全兑现，我们拿一块石头到市场上去，也有可能总是乏人问津，但是，这里面说的道理是对的。

珍重生命，首先要自己珍视自己的生命。如

果是连自己也看不起自己的生命，别人怎么会看得起？

这意味着首先要坦然地接受自己的既定的生命，接受自己的身体状况，接受自己的生存条件，接受自己的出身、家庭和祖国。

就像一个手脚有残障的人所说的，“还有那些没手没脚的人呢？”

接受。然后就想我怎么能在这种身体状况和生存环境中做到自己的最好。

这些状况和条件可能构成了对我做某些事情和发展某些能力的限制，但是，它们也打开了我专心致志做另外一些事情、发展另外一些能力的通道。就像有些目盲的人听力会变得极其锐敏；有些失去双手的人能够用脚做出许多让我们惊叹的事情。

其实，我们绝大多数人可能最初都只是显得能力一般，条件平常，但是，天长日久之后，就分出了颇大的差别。如果你愿意发奋和努力，你也许就居于前端；当然，如果你有自己喜欢的不同的慢的生命节奏，你也完全可以安心地在后面浏览。但总归要珍惜和热爱自己的生命。

是的，人在其他的利益问题上可以交易，甚至自愿的交易可以是一个双赢，远胜过单方面的巧取豪夺。但是，永远不要用自己的整个生命去进行交易，永远不要自暴自弃。

承受困苦

有一些困苦是我们可以避免的，但有一些困苦对于生命来说却是自然而然的，我们甚至可以从生命的诞生过程中观察到，几乎从一开始，困苦就如影随形一般跟随着生命。

美国的考门夫人收藏过一个天蛾茧。天蛾茧的形状是：一端一条细管，另一端是个球形的囊。当蛾出茧的时候，它必须先从球形囊爬过那条极细的管，脱身休息片刻，再接着振翅飞去。

蛾的身体那么肥大，而那条管子那么狭窄，人人都会惊奇它是怎样从细管中爬出来的。它肯定要碰到许许多多的困难，付出许多的代价和气力才做得到。据生物学家们说，蛾还是蛹的时候是没有翅膀的，脱茧的时候，它要经过极艰苦的挣扎，以使身体内部的一种分泌液流到翅脉中去，这才生出极强有力的翅膀来。

天蛾出茧的一天到了。那天，考门夫人刚好发现茧里的蛹发动。她整个早晨都很有耐心地守在它旁边，看它努力奋斗和挣扎，可是没有看出它有什么进展。它似乎没有出来的希望了。

等到中午，考门夫人的耐心破产，决意帮它的忙。她拿起小剪把茧上的丝剪薄了一些，以为这样一来它就可以顺利一些地爬出来。果然不错，天蛾竟然毫不费力地爬出来了；但身体反常地臃肿，翅膀反常地短小。它不仅不能拍着翅膀飞翔，而且只蠕动了一会儿工夫就死了。考门夫人感到莫大的遗憾。

我们每个人在一生中都免不了要经历一些困苦，其中至少有一部分困苦，是谁也不能代替我们承受，甚至不能帮助我们减轻的，即使是我们最亲密、最疼爱我们的人也是如此。

这些困苦对我们来说是自然而然的，是人生题中应有之义。它们降临到我们身上，自有一些我们仔细想一想可以知道，但有时甚至也无法测知的道理，而改变它们就无异于改变我们的生命，改变生命的自然进程。

还有一些困苦，是我们要获得某种生活的技能和本领就必须付出的代价。过去，当一个孩子去学习一门手艺的时候，他的手有时不小心被弄出了血，疼得他呻吟起来，他的师傅就会安慰他说："那是这门手艺进到你身体里面去了。"

因此，我们必须坦然地去承受困苦，学习在各种艰难环境中生存的本领。否则，我们就不仅不可能有自己强劲的翅膀，甚至可能在一旦失去护翼时就中道夭折。

这样的时刻，是我们一生中困难的时刻，但也是可以证明我们自己的时刻。

当这样的时刻来临，当我们的亲友只能在一旁看着，喊“孩子，用力!”“孩子，挺住!”的时候，甚至当谁也不在我们身边，我们只是独自一人的时候，严峻的考验也就来临了。

我相信你能通过这一考验。

永不放弃

有一个女孩大学刚刚毕业，像一般女孩一样，她憧憬着她的未来，编织着美丽而绚烂的梦，她的梦也许比一般的女孩更富有色彩，因为她是学服装设计的。

可是有一天，化验结果出来了，她得了白血病，她不得不住进了医院，在医院素白的病床上，她的生命力在一点一点地消失。我们知道，白血病就是血癌，因而也可以想象她年轻的心里笼罩着的是一片什么样的黑暗。

还有一线希望是做骨髓移植，她身边有生身母亲和弟弟，他们的骨髓也许能够配上，但是结果却让人失望。

接着是去寻找与母亲离异多年的父亲，也许那就是生命的希望所在，女孩在等待，在等待中她开始设计服装，她的生命现在不是还存在着吗，那就要创作，就要把自己梦一般美好的想象付诸现实。父亲很快就赶来了，面对亲生女儿的不幸，我们相信他愿意做更多的事情，而不只是献出一点骨髓，但是，化验结果证明他的骨髓也不行。

住在密封的无菌室里的女孩的服装设计正在进行中，她的各种图纸已经颇具规模；骨髓的寻找也在进行中，近亲的骨髓只有十六分之一的希望，具体寻找的经过复杂而琐碎，结果却无情地简单：没有，仍然没有能配上的。

坚持，大家都在坚持。女孩坚持着自己的生命，执著于自己的创作，她的图样开始被制成时装，模特儿隔着无菌室的玻璃为她展示时装的效果，她在创作，在修改，好像忘记了自己是病人；医生和护士们在努力地、一分一秒地延续她的生命；她周围的人们在更广大的范围里寻找捐献者。合适的捐献者还没有找到，但人们不会放弃。

女孩有生以来第一次个人时装展示会已经开过，她美好的梦想已经通过她的作品展示在人们的面前。

她还在坚持着、等待着，等待着生命的希望，最后的结果会是怎样，谁也无法预先知道，但是，我们已经从她的身上看到了生命的光辉，看到了生命的意义首先就在于这样四个字：永不放弃。

平凡的日子

又是一个星期天的上午，孩子做完了作业，在书架前转了几圈，看看有没有能吸引她的书，她抓起几本看了看，开始嘟囔上了："还是这些书，还是这些书，就不能来点别的。"

妈妈忍不住了："家里的书还不算多？这十多架书，你到底看了多少？""没有小孩书！""小孩书？你都是中学生了，还小孩书呢。你就喜欢看那些武侠、侦探小说，寻求刺激，可是好的武侠、侦探小说就那么多，你都看过了。"

女儿知道自己理亏，不吱声了，她转到自己房间，打开电视，马上听见她不断换频道的声音，没过多久，“叭”的一声，电视关掉了。

女儿转到了爸爸身旁：“爸爸，陪我玩一会儿好不好嘛？电视也没有好看的。”这声音中有一种哀求了。爸爸叹了口气，停住笔，看着女儿哭笑不得：“我们小时候哪有这样缠着大人玩的，只要有机会，早跑得不见影子了，找小朋友去玩好不好？今天我要把这点东西写完。”“不，外面没有小朋友，你陪我玩好吗？”女儿虽然请求着，但知道已经没多大希望，又转向妈妈。

妈妈看见，女儿的眼睛里已经有泪光在闪动，显然女儿已经着急了：“成天都是这样，一点新鲜的事情都没有，没意思，就是没意思！”妈妈心疼了，对爸爸说：“你就不能陪孩子一下？成天趴在桌子上。”

爸爸稍一沉思，站起来，从书架上抽出一本

书，对女儿说："孩子，你是不是希望每天都有新奇的事情发生，觉得那样生活才有意思？我给你念一段书，是英国哲学家罗素写的《走向幸福》，我们来看看他是怎么说的。"女儿坐到爸爸身旁，安静了下来。

以下就是他们所读到的：

> 追求兴奋的欲望深深扎根于人类的心灵之中，这种欲望在人类早期的狩猎时代较容易得到满足，随着农业时代的来临，生活变得比过去单调枯燥了。
>
> 今天工业社会中的人排遣厌烦的手段则要比过去都多得多，但是他们也更害怕厌烦。现在可以去看电影，人们家里都有了收音机，但是，对快乐的追求也越来越强烈，人们不停地从一处转向另一处，狂舞乱跳，饮酒作乐，而出于某种原因，他们总还是不满足，总希望到

了新的地方会有更多的乐趣。

然而，就像一切伟大的著作都有令人觉得沉闷的章节一样，哪怕是那些伟人的生活，也都有许多看来乏味无趣的时候。就连那些精彩的小说也都有令人乏味的章节，要是一本小说从头至尾每一页都扣人心弦的话，那它肯定不是一部伟大的作品。那些伟人的生平，除了某些辉煌的时刻以外，也并不总是那么绚丽夺目。苏格拉底可以时不时去出席一场宴会，但在他一生中，大半时间还是静悄悄地和他厉害的妻子一起生活。康德在其一生中，据说从未离开过柯尼斯堡十英里以远。达尔文呢，在周游世界以后，余生都是在他自己的家里度过的。马克思投身过几次革命，尔后就在大不列颠博物馆度过了他的一生。

总之，伟人们的特征之一实际上还是平静的生活，他们追求的快乐并不是那种在外人看来兴奋激越的快乐。不通过坚持不懈的劳动是不可能取得伟大成就的，这种劳动是如此艰苦，如此使人全神贯注，使人不再有精力去参加那些更劳人身心的娱乐活动。唯一的例外是假日里恢复体力消除疲劳的活动，如登山、游泳等。

所以，对或多或少有些单调的生活的忍受能力，应该从儿童期就开始培养。现代的父母可能已经给孩子提供了过多消极的娱乐活动，诸如电影、戏剧、电脑游戏等，他们可能没有认识到，过着日复一日外表相同但精神专注的生活对于孩子一生事业的重要性，他们也可能忘记了启发孩子从这种平静的生活体会快乐。

孩子需要的快乐，应该主要由他们通过自己的努力去创造，从自己生活的环境中去取得。那种一方面令人兴奋，一方面又不需付出体力代价的快乐活动，应该尽量减少。那种兴奋究其本质而言犹如毒品，兴奋越多，追求兴奋的欲望就越强烈，而在兴奋期间身体的消极被动状态则是违反人的本能的。

一个孩子就像一株植物一样，让他不受干扰、在同一块土地上生长时，才发育得最好。太多的旅行，太多的形形色色的感觉印象，对儿童并没有好处，会使得他们长大以后缺乏忍受寂寞生活的能力，而唯有寂寞才能使人有所创造。

女儿自己把书拿过去读了。这场星期天的小风波也就像静静的流水中的一点小浪花，很快就过去了。在这之后，在这个家庭里，父亲依然在读书写作，母亲也在里里外外忙着，女儿日复一日地上学、放学、做作业、温习功课，星期天他们一家有时也去郊外远足，日子过得似乎平平淡淡，但这平淡中已经少了一些过去的躁动不安，而多了一些会心的微笑。

如果我们能从平凡的事物中发现美和快乐，我们快乐的源泉才可以说是最丰富、最自足和最不可穷竭的。

简单的生活

世界上有一些生活得很复杂、很精致、很豪华的人，他们的生活常常让人羡慕；世界上也还有一些生活得很简单、很朴素、很清贫的人，他们自有他们自己的快乐。

坐在一间陈设优雅、有侍者恭候的餐厅里，细细地品味一盘烹调精美的大虾，然后心满意足地用香喷喷的餐巾纸擦擦嘴，再来一杯清茶，对许多人来说是很快活的；但是，坐在田野的一道土坎上，粗犷地剥吃一瓦罐刚刚烧熟的毛豆，然后跑到旁边的湖里掬一大捧冷水"咕咚咕咚"地喝下去，对有些人来说，也是很快活的。

美国十九世纪的作家梭罗就是后一种人中的一个。他从哈佛大学毕业以后，不想为任何狭窄的技艺或职业而放弃他在学问与生活上的志趣。他并不懒惰或是任性，但他需要钱的时候，情愿做些与他性情相近的体力劳动来赚钱——譬如造一只小船或是一道篱笆，种植，接枝，测量，或是别的短期工作，却不愿意长期地受雇于一个职业。

他有吃苦耐劳的习惯，生活上的需要又很少，当在餐桌前有人问他爱吃哪一样菜时，他回答说："离我最近的一碗。"他精通森林里的知识，算术也非常好，在世界上任何地方都可以谋生。由于他可以比别人费少得多的功夫来供给他的需要，所以能保证自己有充足的闲暇和自由，做自己想做的事情，或者有时什么也不做。他不是没有致富的才能，但没有这种欲望，而他知道怎样贫穷地生活却绝对不污秽或粗鄙。

在他看来，他自己的生活越简单，宇宙的规律也就越显得简单，寂寞将不成其为寂寞，贫困将不成其为贫困，软弱将不成其为软弱。

他说要认真考虑一下大多数人的忧虑和烦恼是些什么，其中有多少是必须忧虑的，有多少其实是根本不必担心的。他说人们常常用比问题本身更复杂的方式来解决简单的生活问题，就像一个人用弹簧来布置一个陷阱，想由此捕捉到安逸，结果当他正要拔脚走开时，自己的一只脚却落到陷阱里去了。

我们是得好好想一想，有哪些东西，本来是我们买来伺候我们，让我们的生活方便的，结果后来却变成要由我们来伺候它们，让我们经常感到忧心忡忡。我们变得越来越离不开它们，没有它们的时候渴望得到它们，得到它们的时候又怕损坏或失去它们。我们有时仅仅为拥有和维护它们费了多少精力和心血啊！

世界上很多复杂的东西究其原意本来都是非常简单的：饮食就是吃能维持我们生命的东西，衣着就是穿能给我们温暖的东西，居室就是住能给我们遮蔽风雨的地方，旅行就是迈动双脚从这里走到那里，美术就是得意时在岩壁上刻刻画画，音乐就是高兴了在旷野里拖长嗓子吼叫或悲哀了在陋室里低吟……今天这一切都变得非常非常地复杂和精致起来，而这就叫“文明”。

我们今天享受着高度发展的文明给予我们的许多快乐，但是，我们不要忘记那许多复杂事物的本意，并且，当有些复杂和精致的东西有时对我们变得过于昂贵的时候，也不妨试一试比较简单的生活。也许，在比较简单的生活里，我们还更能发现生命的原味。另外，我们也能增长一些即便在最简陋的条件下也能生存下去的本领，在这方面，我们可是已经比原始人退步多了。

愿望井

我们每个人都有自己的愿望，都希望实现自己的心愿。

街那边跑过来一个男孩，他满头大汗、气喘吁吁。他刚听说在港湾的旁边有一眼愿望井，只要在井边闭着眼睛默默地说出自己的一个心愿，睁开眼睛，这愿望就能实现。他太希望有一条自己的船了，哪怕小一点。

终于来到了井边，男孩努力地使自己平静一点，闭上了眼睛，默默地在心里重复着自己的愿望，“一条船，一条我自己的小船。”但他睁开眼睛，没有，眼前什么也没有。

“难道是我不够虔诚?”不，他坚决地否定了。那么是什么地方出了问题?

他看见离井不远的地方坐着一位老人，就来到老人身边：“请问，这难道不是愿望井吗？为什么我许的愿不能实现?”

老人问道：“孩子，你许什么愿了?”

“我想要一条自己的小船。”

老人笑了，他从这孩子身上看到了当年的自己：“孩子，像你这么大的时候，我也在这儿许愿，想要一条属于自己的小船。”

“那么你的愿望实现了吗?”孩子急切地问道。

老人把手向港湾处一指，那里停泊着一条美丽的小船，“看见那条船了吧，孩子，那就是我的。”

孩子的眼里又充满了希望，他想要的正是一条这样的船。“您能告诉我，你是怎样得到它的吗?”

“当然，孩子，那时我像你一样在这儿许了愿，然后，我就去努力地工作，为了实现这个愿望，我干过许多种活儿，终于有一天，我有了这条属于我自己的小船。”

孩子明白了，他告别了老人，坚定地向港口走去。在那儿，他找到了一条需要清洗的轮船，拿起墩布干起活来。一个小时过去了，在离开的时候，他的手心里攥着一块银光闪闪的硬币。他知道，他今天虽然没有得到自己的小船，但已经向自己的理想走近了一步。

幸福不会凭空从天而降，真正的理想实际上要包括自己实现这一理想的过程，否则那就只能说是幻想了。而且，实现这一理想的过程越困难，付出的心血越多，从中得到的欢乐也才会越多。

一个孩子，当他自己在山野里找到了一些别人没有发现的近乎青涩的野果子时，他从中得到的快乐，会远胜于后来他妈妈在市场上给他买来的大苹果所给予他的快乐。因为那是他的果子，是他自己费尽了辛苦、手被荆棘扎出了血才得到的果子。

我们也要亲自去找属于我们自己的果子，找，总是能找到。

心安草

有一则寓言说，有一天，一个国王独自到花园里散步，使他万分诧异的是，花园里所有的花草树木都枯萎了，园中一片荒凉。后来国王了解到：橡树由于自己没有松树那么高大挺拔，因此轻生厌世死了；松树又因自己不能像葡萄那样结许多果子，因而也死了；葡萄哀叹自己终日匍匐在架上，不能直立，不能像桃树那样开出美丽可爱的花朵，于是也死了；牵牛花也病倒了，因为它叹息自己没有紫丁香那样芬芳。其余的植物也都垂头丧气，没精打采，只有顶细小的心安草在茂盛地生长。

国王问道：“小小的心安草啊，别的植物全都枯萎了，为什么你这小草这么勇敢乐观，毫不沮丧呢？”

小草回答说：“国王啊，我一点也不灰心失望，是因为我知道，如果国王您想要一棵橡树、一棵松树、一丛葡萄、一株桃树、一株牵牛花，或者一棵紫丁香，您就会叫园丁把它们种上，而我知道您寄希望于我的就是要我安心做小小的心安草。”

这是一个让人感动的寓言，不过我们现在不妨继续这个寓言，假设国王听了心安草的话也深深地受了感动，然后说：“你们过去是花园里顶不显眼的，那么现在我要让你们成为顶显眼的。不，我现在不再让园丁种植其他的花草树木了，而只让他们来伺候你们，给你们最充足的水分和养料，给你们最好的照顾。”

于是，花园里就只剩下了心安草在茂盛地生

长，花园里的风景一天天变得单调了，但这都没有什么。奇怪的是，尽管这样，心安草却开始变得不安心了，因为它们对自己的期望越来越高了，它们要求有更好的照顾和营养，以为只要通过精心的培养，最终就能同时拥有松树的挺拔、葡萄的多实、桃花的美丽和紫丁香的芬芳。由于达不到这样，它们就变得越来越苦恼，且经常抱怨，从而也就越来越憔悴了。

最不妙的是，它们甚至开始变得越来越容不下其他的花草了，偶尔有风或者鸟带来其他花草的种子，它们就中伤和挤兑这些与它们不同的花草，说这些花草不美，央求园丁把这些花草除去。它们甚至在自己内部也互相妒忌，互相排挤。

于是，当国王再一次来到花园的时候，他看到的却是一片荒芜。

当然，这只是一个假设。如果我们喜欢的心安草不再安心，它也就不叫心安草了。

我们当然都希望自己有耀眼的才华和突出的成就，但是，就像花园里绵延最广的是小草一样，我们大部分人可能也只是被赋予了中等的才能，我们是否就要放弃在大地上繁衍绿意的权利和欢欣呢？

突然的变故

这世界并不完美，我们也许已经知道。但我们曾经想我们自己所生活的那个小世界是完美的，我生活在其中的那个小家是幸福的。我们固执地不肯相信，我们所乘坐的这只船还会出现问题，还会被风浪掀翻。

过去的幸福似乎也在证明和强化现在的幸福，并许诺未来的幸福。

但可能有一天，突然发生了家庭的变故，父母离异，原有的家庭分解，爸爸或者妈妈从家里离开了，孩子不由地一下悲伤起来："没想到这样的事竟然也会发生在我的身上！"

人们需要以自己某种生活的完整性和亲情的相濡以沫来对抗这个世界的嘈杂乃至混乱。家庭本应是一个为我们避风遮雨的堡垒。我们多么自信，我们不知道这个混乱的大世界有时也会悄悄地颠覆这一看来完美的小世界的秩序。

风暴来临本来并不是没有迹象的，并不是没有给予时间或提出警告的，可是有时谁也没注意或者足够地重视那"青萍之末"。这当然主要是大人们的责任。

当变故已经发生，无法挽回，船已经打翻，船上的人，有的还停留在已经破散的旧船，有的登上了救援的小艇，有的则只是抓住了一块似可救生的木板。

我们过去一直以一种明晰和连贯性生活着，今天却突然发现，我们不再有这种明晰和连贯性，我们甚至不再有过去——由于我们再无人谈论和分享那过去，甚至不愿再触动那让我们伤感的过去。

于是，我们可能突然发现自己失去了一种信心和信任感，甚至觉得这世界只剩下了自己一个人。

但无论如何，我们今后必须学会一种坚韧，学会如何生活在一个并不完美的世界上，生活在一个破裂的小世界上，生活在一个本来是最亲近的人分割开的世界上，乃至生活在一个连自己的过去、现在和未来也都发生了某种分裂的世界上。

我们只能向前航行了。我们退不回去，而即便退回到那片海面，也不会再有过去的那种完整性。风暴已经造成了伤害，留下了百孔千疮的船帆。那曾经是我们的动力和慰藉的东西，现在却是我们深深的创痛。

以后的路也许会交叉，也许不会。但我们无论如何得向前走，哪怕始终只有自己。

唯一的安慰是：也许生活就是这样，也许很多人都经历了这样的断裂。而即使不再乘同样一条船，我们也还可以遥相呼应和关照。

我们还可以努力去建造新的帆船。

理想主义者

有一个女大学生，毕业时本来分配在北京的一个国家机关，她的家也在北京，但她却毅然前往西藏工作，她是为了追求一名生活在西藏的男子，同时也想在高原上证明自己，她说：

“我义无反顾。”

“如果西藏打不垮我，世界上就没有什么东西能打垮我了。”

她在西藏遇到了许许多多她没有料想到的困难。数年后，身心交瘁、异常憔悴的她，带着孩子与友人在拉萨河边散步，她对友人说：“拉萨河美得让人忧郁，可又能洗去人的忧郁。”她没有屈服。

她想进行藏族文化人类学的研究，却不幸在川藏公路的一次行车时，被落石击中而死去。

人们说她是一个理想主义者，在我们这样一个时代，这样的理想主义者越来越少了，这个时代看来也不是一个适合理想主义者的时代，已经变得实际了许多的年轻人还总是被告诫说：不要太理想化了，要实际一点。

当理想主义者的理想涉及整个社会，他们所采取的手段又很激烈时，他们对这一理想的实践很可能伤害到他人。

但是，当理想主义者的理想只是涉及自己时，一般来说，不管他们怎么做，都是可以的。

无论如何，这世界上的变化，大都是由理想主义者带来的。没有他们，我们会生活在一个远比现在要单调得多的世界上。

他们常常是知其不可为而为之，但正是由于他们，许多本来大家都觉得不可能的事情后来却变得可能了。

在这个意义上，理想主义者是可宝贵的，他们是世界上的盐。

理想主义者可宝贵的另一点在于：他们往往是超越利害考虑的。如果所有人都是只知道利害，那也是够乏味的，够让人沮丧的。

理想主义是一种激情，是一种精神的火焰。

我们每一个人心里可能都藏有或大或小的这样一点火焰，即使我们足够冷静和明智到并不会将之全都付诸实践——这常常是有道理的，我们也应当珍惜它，不要完全泯灭它，并且，我们还应当学会理解和敬仰那些用理想点亮和燃尽了自己生命的人。

心怀生命

第四辑　非常时刻

认识战争

远离战争

战争与少年

国境与和平

直面残忍

所有的生命，都是生命

认识战争

许多男孩喜欢看战争的书，我的孩子也不例外。他们津津乐道于各种飞机、坦克，新式武器，还有历史上的各种战例。

一个男孩的血管里，自然会流淌着渴望勇敢、仰慕英雄的血啊！

但是，却不能不首先认识战争。

战争意味着什么？战争意味着暴力的相搏，意味着人与人的强力对抗，意味着人相杀、人自戕。无论如何，战争的第一本性就是这样，从古到今不会有多少改变。至于一场战争是重要还是不重要、是伟大还是不伟大，乃至是正义还是不正义，都是随后的属性。

自古以来，战争是最主要的让人致死的原因，也就是说，人最重要的致死原因不是其他动物的威胁，不是自然灾害的发生，更不是大限即享受天年之后的自然而终，而是常常发生的早夭和横死，而造成这些早夭和横死的主要原因还是人自身。

人最危险的敌人还是人自己。

但昔日的战争的确一度曾经是骑士的战争，只有贵族、骑士才有战斗的权利，战斗要遵守相当多的规则乃至礼仪，通过战斗能表现一种战斗者的技艺和英雄气概，那时的战争的确死人也比较少。

今天的战争则大大不同了。今天的战争甚至很难再说是勇敢者的事业。而且它很容易把千百万人裹挟进来，几乎没有前方和后方，也很难区分军人和平民。人类的武器库已经发展到了可以成百上千次毁灭世界的地步，而且只需按一按按钮。随着战争技术和大规模杀伤性武器的长足发展，直接战斗的双方很难再有英雄气概。

而仅凭人类还在通过战争来“自戕”这一点，就可以说人类还没有进化到很高的程度，还没有完全脱离动物界。人类的确已经进化到了高度完善的科技能力——包括制造极其尖端的、像核武器那样有巨大杀伤破坏作用的武器，但还没有相应的道德和理性能力来配套，从而来平衡和约束自己。

于是，可能非常遗憾的是，英雄气概和冒险精神所剩下的就主要体现在体育场上的相搏、自然界里的探险和一些极限运动上面了。当然，更为宝贵的还有：在自己面临生命危险的情况下救助别人的英雄气概。

人们也许会说，还有正义的战争呢？但这方面的判断一定要极其谨慎。在第一次世界大战爆发的时候，欧洲所有的参战国都觉得自己是正义的一方。当时，正好有一个中立国的人在几个敌对国之间旅行，发现所到之处，到处都是人们上街游行，慷慨激昂，愿意为国捐躯和捐款。他想，这些互相敌对但都一样无私而疯狂的人们中，是不是有一方是对的，或者都是错的呢？

事实证明，他们的确都是错了，而且错得离谱。欧洲为此付出了死伤数千万人的代价，而且多是风华正茂的年轻人。战争还有它自身的逻辑，即越来越趋向激烈的逻辑，一打往往就收不住了。战争是双方和多方的事，有无数人的意志和行动参与，常常是血腥带来血腥，报复带来报复。一旦战争爆发，战争就不会再以某一个或一群人的意志为转移了。今天拥有核武器的大国之间的战争，更是快要成为注定打不起、甚至注定要同归于尽，乃至将整个地球毁灭的战争。

的确，人们有时为了保卫自己，应该准备战斗，而一切防止战争的努力都告失败之后，也可能还须怀着一种决绝的心情和勇敢投入为自身生命而自卫的战斗。但是，永远不要玩火，永远不要好战，包括不要参与和鼓动好战的舆论。因为好战的舆论最后可能绑架人的行为。

远离战争

儿子十岁的那年暑假，我和他去欧洲旅游，在法国逗留期间，专门去了诺曼底。这不仅因为那里有一些特别的、让人心醉的法国乡村或小镇风景，更因为他读了一些有关第二次世界大战的书，特别感兴趣D日的诺曼底登陆，我们想去看一看昔日的战场。

除了几次边境战争，中国大陆有半个多世纪已经没有战争了。

这不能不说是一种极大的幸运。如果发生了战争，尤其是今天的现代战争，几乎没有多少人能够幸免于难，也就可能没有在这个世界上的我们了。

战争是一些非常的时刻，而且是反常的时刻。但它还是可能发生。就像我们说人是理性的动物，但人还会有非理性甚至反理性的时候。

我们享受了多年的和平，但并不能担保我们这一代就不会遇到战争。未来是否发生战争的概率，将在相当程度上掌握在我们自己的手里。

战争是大量吞噬人的，尤其是吞噬年轻人，就因为他们在战争中往往首当其冲，甚至还因为他们的年轻和热烈而愿意首当其冲。

我想起在一次“聆听经典”的朗诵会上，姚锡娟朗诵的、法国诗人雅克·普雷维尔的一首诗《巴尔巴娜》。有一个雨天，在布雷斯特，雅克偶然在旁看见一个年轻男子在门廊下面躲雨，男孩看见了应约而来的女友，他叫着“巴尔巴娜”的名字，于是这个少女“淋着雨向他跑去，湿漉漉地幸福地，像怒放的花朵”。“那沉静而幸福的雨，落在幸福的脸颊上，落在幸福的城市里”。诗人记住了这个名字“巴尔巴娜”，写下了诗歌。

战争爆发了，年轻人纷纷应征上战场，又一个雨天，诗人想起了那一对少男少女，他写道：

啊，巴尔巴娜
战争是多么的愚蠢
淋着这铁的雨
火的雨，钢和血的雨
你现在有着什么样的遭遇？
而那个深情地
拥抱你的男子
他是死了失踪了还是依然活着呢？
啊，巴尔巴娜
在布雷斯特雨不停地下
像从前那样地下啊

但是再不一样了，因为一切都已毁灭
这是可怕又凄凉的服丧的雨

这些诗句抄录在这里可能是苍白的，我真希望大家听到姚锡娟那感人至深的录音。

而类似的事情还在层出不穷地发生，就在几天之前，2014 年的 7 月 28 日，加沙地带边缘，一名摄影师抓拍到一名士兵和女友拥抱，几小时后，这名士兵被一发迫击炮弹击中身亡。于是，这拥抱也就成了“最后的拥抱”。

每一个士兵都不仅是他自己，他还是一个儿子，一个孙辈，他还可能是一个丈夫、一个父亲、或者一个少女心中的恋人。

能不能尽量让青春远离战争，让爱情远离战争，让人类远离战争？

战争与少年

我和孩子一起查阅和诺曼底登陆战有关的历史资料，发现诺曼底海边，曾出现过一支震惊盟军的德国少年师。

据记载，1944 年 6 月 7 日，盟军诺曼底登陆的第二天，加拿大一个坦克团从诺曼底海岸向卡恩地区推进，突然遇到了一支德军部队的截击。德军的坦克和步兵拼死冲锋，前赴后继。坦克团没能抵挡住如此猛烈和凶悍的攻击，撤退很快变成了溃败。

而后来才从情报中了解到，这支德军部队竟然是一支“娃娃兵”部队。它是纳粹德国一支由在德国征召兵源最低年龄 18 岁以下的志愿者组成的部队。因为这些小兵尚未成年，每人每周要保证能喝到 3.5 公升的鲜牛奶，制服上有奶瓶的标志，“婴儿师”由此得名。

这支少年师在训练时学习了“德国需要生存空间”等理论。“英雄梦”加上日益增长的纳粹狂热使这支部队的求战情绪极为高涨。他们均穿很酷的潜艇成员的黑皮制服，并别具一格地将女友的名字漆在坦克上。

伏击加拿大坦克团的战斗正是少年师参战后的第一仗。但初战刚刚告捷，灾难性的打击便迅速到来。强大的盟军对其进行了异常猛烈的报复。据说，曾拥兵上万的少年师最后只剩下了几百人。

在遭受重创之后，残存的少年才慢慢认识到了战争的真面目。接任的师长麦尔战后曾这样回忆当时的情景："疲惫的士兵看着我。伤员们在凄惨地嚎叫。这些年轻人如何还能产生力量来经受住这种倾泄钢铁般的残酷战斗？他们还没有学会生活，却已经理解了死亡。坦克的履带结束了很多年轻的生命。我泪流满面，我开始憎恨战争。"

他们是有罪的，但主要的罪责应当由那些热衷于战争、发动战争和组织少年人参战的人来负。

我们还看到近年非洲一些地区也出现了被成年人煽动和利用的"娃娃兵"武装，他们的理性和认知还没有成熟。如果又有一种错误理论或观念的煽动，他们会不在乎自己的生命，也不在乎别人的生命，他们不仅轻易地杀害别人，实际上也轻易地"杀害"了自己。而在我们孩子的读物里，也有赞颂孩子直接参战的故事。

的确有不得不打的战争，有完全被强加的战争。为了保卫自己的家园和祖国，人们不得不投入战斗。但即便是在这样的战争中，也要让孩子尽量与战争拉开距离。这包括不要鼓励孩子参与战争，不要给孩子安排战争任务，尤其是绝不要让孩子去承担直接面对敌人的任务。

大人们还要尽量让自己所处的社会和国家远离战争，让人类远离战争，还要努力培养我们的孩子，让我们的孩子从小就知道热爱和平，从小就知道尊重他人和自己的生命。

让成人们去担起自己的责任吧，让孩子远离战争！

国境与和平

在诺曼底的一个海滩，我和我的孩子曾经有过一次我们自己的“诺曼底登陆”。

一个傍晚，我们来到了一处面对山坡和悬崖的海滩，西边的晚霞正壮丽地照亮着天空，海水在急速地上涨。在迅速跋涉过一段鹅卵石的海滩之后，我们开始往山坡攀登。我们仔细地选好了一个突破口，相当艰苦地攀爬，终于还是爬上来了。不料上面又遇到了铁丝网，我们也设法身体紧贴着地面举起铁丝钻过去了。在通往悬崖的路上又出现了一个当年德军遗留的地堡，我们匍匐前进，快速越过了它。又经过了许多草丛、巨石，跳跃和奔跑，我们终于到达了悬崖顶上。有一只海鸥正立在那顶端的石头上。我们试着小心翼翼地往下看，不远的海中还有当年英国人登陆后留下的造防波堤的巨大钢筋水泥构件。

我们从另一条路离开悬崖之后，才回头看到木牌上写着“禁入”。在悬崖之后就是大片的平原，也是大片的田园景象。两边的植物长得比人还高，我们走在中间，外面看不见我们。还有各种我们不知道名字的野花，排列整齐和散落的绿树，远处牧场上盘桓着黑白相间的乳牛。

这些是人们真正需要保卫的东西。

孩子对这次“登陆”看来是印象深刻的，他在回到地堡的路上，特意跑到铁丝网附近的登岩处去录了一段自己说话的录像。我们还捡回来一片诺曼底海滩的石子、一片从海洋上空飘过来的羽毛和一枝麦穗。

在随后的日子里，我们又参加了一次法国、比利时、荷兰、德国和卢森堡的五国之行，路上有许多战争的记忆和遗迹。我们经过了当年在一战中被称为“绞肉机战役”(索姆河战役)、双方伤亡134万人的索姆河畔。我们参观了比利时布鲁塞尔南郊的滑铁卢战场和市内的皇家军事博物馆，这个曾经非常不幸的国家在两次世界大战中都被偷袭和占领；还有卢森堡这个大公国也是一样的遭遇，我们去看了市中心那哀伤的、悼念死者和反抗者的纪念碑。

我们同时也有一个鲜明的印象：今天的欧洲不仅是一片祥和的风景，甚至国界的观念也已经相当淡化了。越过各国的边境没有任何边境检查，白天走在大街上和晚上住宿不用出示任何证件。我们常常在不知不觉中就进入或者离开了一个国家。

这些数十年前还剑拔弩装、弹雨纷飞、你死我活地互相搏斗的国家，看来是吸取了上世纪异常沉痛的血的教训了，他们不再争霸或者争夺自己的“生存空间”了，甚至放弃了昔日的殖民地，而奇怪的是，他们今天的“生存空间”似乎并没有缩小，而且由于彼此的开放，“空间”其实是大大地拓展和繁荣了。

我们还看到了许多肥美的草场、长满绿树的丘陵、一望无际的田野、壮丽多姿的峡谷和恬然宁静的古堡。我们去了曾经被雨果称为“世界上最美丽的广场”的布鲁塞尔老城的中心广场，据说马克思和恩格斯就在这里的白天鹅咖啡馆写下了《共产党宣言》。我们也去了马克思的故乡，一座美丽精致的小城。我们还去了让我们心醉神迷的德国的黑森林和海德堡。而一路上，我总是排遣不了这样的思想：如此美丽丰饶的地方，为什么还曾经卷入过那样惨烈的人斗人、人杀人的战争与搏斗？

直面残忍

我和孩子在柏林游览的时候，是住在那个二战中被炸成“蛀牙”形状的威廉大帝纪念教堂附近的一个青年旅店。我们每次出门都要经过这个断头大教堂。但可惜的是，它那时被蒙起来了，正在重修。

柏林和巴黎在20世纪的命运相当不一样，它曾经是一座“毁灭之城”，后来又是一座“分隔之城”。它在二战中被相当彻底地轰炸和攻打，几乎完全成了一片废墟，然后又是战后四十多年的冷战和隔离。所以它在很大程度上失去了昔日的古典风华，而展示的主要是一种现代化新建筑的宏大。

快临近在柏林逗留的最后一天了，我心里非常犹豫：要不要带孩子去看一下北郊的萨克森豪森集中营？头一天我们还去了波茨坦，在壮观的宫殿之间流连，还在公园的大草地上快乐地野餐，但是不是也要让他看看社会和人生的另一面呢？那也是真实发生过的，但不是安宁和善意，而是狂暴和残忍。我询问了一下孩子，去看关押和处死囚犯的集中营怕不怕，是优先再看一个博物馆还是看集中营，他说不怕，更愿先看集中营。于是，第二天我们就成行了。

我们早晨九点坐火车动身去那里。柏林的北郊似比南郊萧条一些，去集中营，远不如到波茨坦方便。参观者也要少得多。

我和孩子走进了那个非常大的、用铁丝网围墙围起的广场和野地。有一处是下沉的场地，有一边是枪决犯人的地方，当年四人一排赴死，他们身后的木材垛是用来回收子弹的。这里珍惜的是子弹而非生命。还有一处是毒气室，用毒气杀起人来更为大量和快捷。萨克豪森集中营在纳粹时期死了十万余人，有希特勒的政敌、犹太人、苏军俘虏等。在东德时期又死了一万两千多政治犯。

而入门口的一片绿茵茵的林木草地，如今看起来是多么适合家庭野餐的地方啊！可是，到处耸立着坟墓和墓碑，死者中也包含在二战快结束时坐上了那艘“死亡之船”的人们，船在波罗的海被击沉，数千人葬身大海。

那天阳光灿烂，一片和平，甚至呈现出一种懒洋洋的天人和谐的景象，不了解历史的人大概谁也不会将这片土地与人类的残暴联系起来。我们真不敢、或者不愿相信，竟然有十多万人就死在这安静祥和、沐浴着阳光、看起来就像一个非常普通的农场的地方。为什么阳光驱散不了黑暗？而且这黑暗竟然就离阳光这么近，这么近。人们就这样把本来应该是花园的地方变成了被杀害的死难者的墓园。

我们也去看了柏林墙。让人感到痛心和不安的是：世界上曾有过多少这样的集中营或者劳改营？世界上还有多少这样有形和无形的墙？

我们不知道未来还会不会再出现这样的集中营和墙，正是因此，保留一些这样的遗址来展览人类在一些非常时期的愚蠢和残忍是恰当的。我们不能掩盖，我们不能忘记。

我们所知道的只是，残忍并没有灭迹。用一种残忍并不能消灭另一种残忍。

对抗和战胜残忍的将是从一种恻隐之心中成长起来的道德情感和理性。一个守卫柏林墙的士兵可能无法完全直接地拒绝射击的命令，因为那样做的代价不是一般人能够轻易承受的，但他却可以悄悄将“枪口抬高一寸”而不射中那翻墙者。

在狂暴和残忍的“大海”中，总还是会有一些善意和怜悯的“小岛”。日后驯服这狂暴和残忍的，其实也还是这看起来微不足道的恻隐之心。而我们有时需要直面过去的残忍来唤起和壮大我们的恻隐之心。

所有的生命，都是生命

所有的生命，都是生命。这似乎没有疑义，但是，我们在有些强化敌我关系的时候还是会忘记。

我和孩子在诺曼底的时候，试着找寻当年留下的战争遗迹，凭吊当年的战场，也缅怀那些死去的人们。

我们去了奥马哈海滩，并俯瞰它的美军墓园。奥马哈海滩是诺曼底登陆战役中战斗最激烈的一个海滩。盟军在奥马哈滩头遭受了巨大的损失，仅阵亡者就达 2500 人，美军有 1000 多人。

如今，一大片绿树围绕的墓园在这里的一个悬崖顶上铺开，安葬着这场战争及之后牺牲的死者。被精心打理过的绿茵茵的草地上没有任何隆起的土堆，只是树立着许多白色的十字架（少量的犹太教徒则是用五角星的标志）。不管死者的身份和官爵，墓碑都同样的大小，整齐地排列成横竖都成一线的各种方阵。每个碑上都刻下了死者的名字。我们来到的时候，看到一些园林工人正用长剪细心地将已经相当直的草丛边缘修剪为更为完美的直线。

站在这山顶，一边是无边的蓝色海浪，一边是无边的绿色草浪，昔日的战争哀伤和今天的和平思绪同时涌上心头。

但我们还想去寻找一处墓地，那就是德军的墓地，起初驱车数十公里都没有找到，后来却偶然路遇了这个墓地。它就在离一条高速公路不远的地方，有一些园林工人正推着除草机剪草。一个个有名和无名的死者的墓碑，则是铁十字的金属牌，被平放在草地上，其中有不少是两人以上合葬的。据说有21000多人被埋葬在这里。

我们仔细地查看了一些墓碑，发现有许多死者是不到二十岁甚至不到十八岁的年轻人。大概也有“少年师”的死者。

在美军的墓地中长眠着很多年轻人的灵魂，而德军墓地中死者的年龄看来更年轻。

这些人如果活到战后，也都会展开他们自己平凡或灿烂的生活，有些人可能将成为科学家、艺术家，为社会做出杰出的贡献，还有许多人将生子抱孙，将生命之线延伸下去。但是，他们都葬身异邦，永远地长眠在这大地之下了。

所有的生命，都是生命，哪怕是敌人的生命。

在两军相搏的时候，在合理自卫的时候，在对方威胁你的生命的时候，你自然可以相搏和自卫，甚至可以杀死对方，但如果事过境迁，则永远不要凌辱生命，永远不要无端地取人性命。

人死而不能复生。

最可宝贵的，不是别的，还是这每个人只有一个肉身的生命。

最神圣不可侵犯的，不是别的，还是这一个人只拥有一次的生命。

我们重视和崇尚国家，是因为国家的最重要功能也就是保障生命，我们也正是因此而捍卫它，但如果它不能保障生命，甚至反而成为戕害生命的利器，我们怎么办呢？

这大概就是当年德军官兵所面临的困境。但对于绝大多数普通官兵来说，他们能如何反抗呢？甚至他们在一个国家的人们普遍认为自己的国家是正义的气氛里，他们不是很难达到对这场战争真正性质的认识吗？

死者已往。人的肉身是可宝贵的，包括失去生命的躯体。

人们对遗体的尊重，还不仅是对那曾经赋有生命的身体的尊重，也是对现在还赋有生命的人的尊重；不仅是对死者的尊重，也还是对现在和未来一代代活着的人的尊重。

在美国，除了纪念独立战争中牺牲的美国人的墓地和纪念碑，也有纪念英军士兵的墓地和纪念碑；对后来的美国内战，除了纪念胜利的北军死者的墓地和纪念碑，也还有纪念失败的南军死者的墓地和纪念碑。

所有的生命，都是生命，难道我们还应该对此怀疑？

怀着这样的思绪，我们离开墓园的时候，用中文在留言本上写下了“反对战争，热爱生命！”这几个字。

心怀生命

第五辑　成长与发展

我是谁
相信你自己
把握你自己
全神贯注
慎求完美
全面发展与片面发展

我是谁

一个婴儿刚生下来时，知冷知热，知痛知饿，他能感觉到“我”，却不能思考到“我”，也不会说“我”。

等他长大一点，他一直听见大人们叫他“宝宝要吃饭了”“宝宝要睡觉了”，他还一直以为他就叫“宝宝”呢，他就是“宝宝”，“宝宝”就是他一个。然而，他却听见妈妈说：“我要给你洗澡了。”听见奶奶说：“我要给你喂饭了。”又听见爸爸说：“我要带你出去玩了。”他可能哪一天心里会产生疑问：

怎么那么多人是“我”？究竟谁是“我”？

或许那一天他说出了这一疑问，然后他妈妈告诉他：“傻孩子，你也是‘我’啊，宝宝也是‘我’，现在是妈妈对宝宝说话，妈妈是‘我’，宝宝是‘你’；而当宝宝对妈妈说话时，宝宝就是‘我’，妈妈却变成了‘你’了。”

宝宝可能一下子还是不很明白这些绕口的道理，认识“我”是一个复杂的、需要反复体会的过程，但他终究会明白的。

而当他第一次明白“宝宝”就是“我”，“我”就是“宝宝”而开始说出“我要吃饭”“我要喝水”时，他才不仅感觉到“我”，也思考到“我”，“我”字在他那里开始言说，他真正成为一个自我意识到的全体，成为一个面对他人的行为主体。

一个人生下来并不会立即得到可言说的“我”，而在死亡时却会立刻失去可言说的“我”，他只有在活着的时候才能说“我”，他一死，人们只会说

“他”，说“某某”，大概只有很少几个人仍会在心里默默地与他对话，对他以“你”相称，至于自我言说的“我”，却是永远与他无缘了。

然而，一个知道了自己说“我”的孩子当然也会知道，别人也可以如此说“我”，他的爸爸、妈妈都在说“我……”，他见到的年纪相仿的孩子也在口齿不清地说“我……”。他所生活的世界并不是一个只有我这一个“我”的世界，而是一个有许多个“我”的世界。这世界是一个所有人都互为主体，因而也互为对象的世界，是一个每一个人都与他人共在的世界。

甚至于，随着一个人的长大，就业、结婚成家、生儿育女，“我”就越来越多地由他人所规定，由社会所规定，由他生前就已存在的风俗和文化所规定，直到“我”成为一个社会角色和人生功能的牢固集合体。“我”就是我的各种社会身份、我的各种生活功能的集合。

这个坚硬的“我”却可能有几许消融的时刻，一刹那，看来很结实的东西融化了，一切外在的规定都消失了，“我”一下子又什么都不是了，“我”又回到了最初那个我，这时，最初的那个问题又会重新出现：

谁是我？或者，我是谁？

这样一些时刻就是哲学上自我反省的时刻，在这时候，问题的实质当然已经不再是谁可以称“我”的问题，而是“我”是什么，乃至于“我”应当成为什么的问题。

相信你自己

一个朋友从美国回来，给我带回一本英文的《爱默森文选》，我很喜欢读，并断断续续在卡片上摘译了其中一些句子的大意，这几张卡片就在我的书桌上搁了许久，成了我的座右铭。爱默森说：

> 相信你自己的思想，相信你内心深处所确认的真理，众人最终也会承认——这就是天才！尽管摩西、柏拉图、弥尔顿的语言平淡无奇，为人熟知，但他们之所以伟大，其最杰出

的地方就在于他们蔑视书本教条，摆脱传统习俗，说出他们自己的，而不是别人的思想。

一个人应学会更多地发现和观察自己心灵深处那一闪即逝的微光，而不只限于仰观以往诗人、圣者领空里有目共睹的光辉。可惜人总不留意自己的思想，不知不觉就把它抛弃了，仅仅因为那是属于他自己的。人往往胆怯而爱道歉，他不敢直说“我想”“我是”，而是援引一些圣贤的话语。

然后在每个天才的著作里，我们承认了那些自己业已放弃的思想，它们显得陌生而庄严，为我们拱手接纳，然而，即使再伟大的文学作品也没有比这更深刻的教训了，这些失而复得的思想警谕我们：在所有声音与我们相悖时，我们也必须和善而又决不妥协地坚持我们自己所确认的东西。

后来，我去了美国，去了纽约喧闹的街头和港口，也去了爱默森和梭罗的故乡——他们经常流连的新英格兰静静的瓦尔登湖畔。那热气腾腾、旋转不已、吸引了无数熙熙攘攘的人群的工业文明，以及那寂寞安详、曾为那少数几颗孤独的灵魂一生挚爱的朴素山林，都给我留下了深刻的印象。我隐隐地觉得，在这两者之间，有一种潜在的联系，而最伟大、最深刻的力量，还是存在于一个人宁静而自悟的心中。

我们每一个人都有自己的某种天才，只是我们还怯于或者惰于去发现它。

各种天才当然有大有小，各种禀赋也有耀眼的和不耀眼的，但它们在每个人那里都是独特的、与众不同的。

每个人都是能够发出自己光芒的星辰。

把握你自己

每一个人的生命都是唯一的，都是独特和不可替换的，我们要学会爱自己，不是怜惜、伤感地去爱，而是骄傲地、自豪地去爱。

我们要坦然地接受一切已经给定的、我们不可能再改变的东西。对自己的优势善加利用，小心地改进或者避开自己的缺陷，避不开时也不妨像第三者一样幽默地嘲笑嘲笑自己，并且宽慰地想到：每个人都是有缺点的，包括所有的伟人。

我们也要牢记：我们还没有完全被决定。我们的未来，还正通过每时每刻的现在，而在相当程度上仍然掌握在我们自己的手里。

在一个加拿大电视短剧中，有一个女孩伊丽莎白，她长得很胖，容易逗人发笑，又在学校的演出中被派定了一个她很不情愿演的角色——演一个男孩杰克，她感到十分委屈和伤心。

她姨妈察觉到了，就和她一起打牌散心，伊丽莎白拿到了几次好牌，但都心不在焉地输了，姨妈拿到了几次差牌，却都顽强地赢了。

姨妈对伊丽莎白说："你拿了一副好牌，但你不一定能赢；同样，你拿了一副糟糕的牌，但你不一定会输。"

于是，伊丽莎白明白了，她决心成为她自己，不是爸爸，不是妈妈，不是幸运的丽莎或贝嘉，也不是姨妈，而就是她自己，现在就是杰克！她现在首先要把杰克这个角色演好。

世界上可能有许多先天禀赋好、后天环境又好的人，但你不一定属于他们；世界上可能有许多从小就受到宠爱、性格又讨人喜欢的人，但你也不一定属于他们。

你很可能并不是得天独厚的一个，命运并不特别垂青于你。

但你不一定会输。

重要的是把握住自己，好好地认识自己，认识自己的长处和短处。每个人都有自己的一些优点，只要他有意识地、不气馁地去善加发现。

如果不把人生仅仅看作竞技场，天地会广阔许多；而即便就看作竞技场，现在也不是终局。只要你手中的牌还没有最后被收走，你就还有反败为胜的可能，就像一首歌中所唱到的那样：

人并不是生来就是要给打败的，

人生总有几场胜利的仗要打。

全神贯注

《庄子》里有一则寓言，说有一个驼背老人，拿着竹竿粘树上的知了，一点就是一只，真好像在地上捡东西那样容易。

当有人问他为什么能这么巧时，老人回答说："首先要练手腕，苦练五六个月，如果练到在竿头放五个弹丸都不落下，那就可以像在地上捡东西一样百发百中了。另外，还要苦练站功和臂力。再就是，我捉知了时，身体像竖立的树桩一样，纹丝不动；拿着竹竿的胳膊伸出去，像枯树干一样，丝毫不颤。在这个时候，尽管天高地广，万物繁多，我的心里和眼里却只有知了的翅膀。我全神贯注，不以天下的任何东西换去那知了的翅膀，这样，我粘起知了来，怎么会不得心应手呢？”

这个寓言说明了一个成功的奥秘：那就是，要想做成任何一件事，或者获得任何一种技艺，都需要全神贯注。

在许多事情上，成功者与失败者的唯一不同也许只不过是：前者在做这些事情时更为全神贯注罢了。

法国当代一位深刻而颖悟的思想家薇依说：

注意力的培养是学校教学的真正目的，并且可以说是唯一的意义所在。其他的意义都是第二位的。一切真正唤起注意力的学习都具有几乎是同等的意义。

无论在什么情况下，任何真正集中注意力的努力都不会是徒劳的。如果人们真正全神贯注地去解决一个几何习题，经过一个小时的努力，即使表面看起来没有取得什么进展，在另一个神秘的领域中也还是取得了进展。其成果肯定最终还会出现在智力的某个领域里，哪怕是同数学毫无关系的领域。

我们从粘蝉者的寓言也已经可以看到，即使是一个很微小的对象，只要一个人全神贯注地去对待它，也能够取得很大的成果。如果目标足够宏大而神圣呢？

当然，对所有微小对象的全神贯注，都可以是一种朝向宏大和神圣目标的必要训练。

我们在学校尤其大学里所学的功课和知识，确实并不是我们今后都能用得上的，有些也不是我们感兴趣的，但是，它们都具有一种训练我们全神贯注做某件事的意义，而且，我们甚至应当像薇依一样把这种意义看成是学校训练的主要意义——如果不能够聚精会神、专心致志地做某件事，再多的知识又有什么用呢？且不说这些知识的获得本身也需要专心致志。

所以，如果我们累了，如果我们心里很不情愿，我们宁可暂时什么也不做，彻底地放松和休息一下。但如果我们必须做某件事，或者我们已经开始做某件事，我们就应当全神贯注、全力以赴地去做好它。

如果我们在小事上都能如此，我们就能在真正的大事来临时做好准备。

慎求完美

我的孩子以前曾有一种凡事都求完美的习惯，比方说，我们有时傍晚要出门去邻近的公园玩，她首先在家里可能就要折腾半天，要带这个，要带那个，好像我们要在那里长住许多天似的。出了门，已经在路上走着，她可能又想起最好还是带一本书，或者换一双鞋，等到她想带的东西全都带齐了，天也黑了，我们也去不成了。

后来，我让她从加拿大小品文作家里柯克的书里做了下面这张卡片：

说来也怪，贾金斯无论学什么都是半途而废，一开始，他总是满腔热情，但不久就出岔子。曾有一段时间，他废寝忘食地攻读法语，但很快发现：要真正掌握法语，必须首先对古法语和普罗旺斯语有透彻的了解。然而实践又表明，没有对拉丁语的全面掌握和理解，精通古法语和普罗旺斯语是不可能的。贾金斯进而发现，彻底掌握拉丁语的唯一途径是去学习梵文，因为梵文显然是拉丁文的基础。贾金斯便一头扑进了梵文的学习之中，直到他又发现，要完全理解梵文，非学古伊朗语不可，因为它是语言的根本。然而很不幸的是，这种语言却早已在世界上销声匿迹了。

于是，她明白了这一道理：最好有时是好的敌人，如果我们想把所有的事情都做得十全十美，它们有时就会互相妨碍，使我们不能及时地投入行动，或者使我们的行动半途而废，劳而无功。

在我们做一件事情之前，我们不妨在情况允许的范围内考虑究竟做哪一件事情最好，以及怎样做最好，但是也不能够无休无止地拖延下去；而当我们已经开始做某一件事情之后，我们则不宜由于我们现在认为另一件事更理想、更值得做而轻易改变我们的行动。这首先是因为我们已经开始做这件事，已经为此付出了心力；而且，究竟我们现在的认识正确还是过去的认识正确也还有待于检验；最后，如果我们所做的这件事是一件很大的事，我们做它已经做了很长的时间，那就更不能轻易改变，因为我们每一个人的生命和精力都是有限的。

所以，当我们要做的事是一件小事时，我们最好马上就做，而不要因为求完美而错过了时机；当我们要做的事是一件大事时，我们当然要多想一想，但也要尽早做出决断；而当我们已经在做一件事的过程中时，那么，哪怕我们已经不是太想做这件事，我们摆脱它的最好方式也是尽快做完这件事。

我们并不是说要不求完美，而是要慎求完美，因为我们的生命有限，我们每一个人的才能也都各有自己的特点和限度。人生短暂，我们不能够一辈子都是准备——准备着把所有的事情都做得尽善尽美，而是总得在这短暂的一生中做出一点什么才行，而一个人的一生是做不了很多事情的，一个人一生往往只能做一两件大事情，所以，我们不能不谨慎选择而又及时决断，在属于自己的这一两件大事情上努力做到尽善尽美。

全面发展与片面发展

我们经常听说人要全面发展，这话是有道理的，尤其对于一个学生来说是有道理的，他应当在其学生时代尽量吸收比较广博的知识，不要过早偏科。

但是，我们也许还应注意事情的另一方面，这就是：到了一定时候，一个人就得追求片面的，甚至非常片面的发展，这样，他才能有所成就，才能有非常巨大的成就——如果他还拥有巨大才能的话。

黑格尔说："一个志在有大成就的人，他必须知道限制自己。反之，那些什么事都想做的人，其实什么事都不能做成，而终归于失败。"世界上有趣味的东西异常之多，外语、诗歌、化学、政治、音乐都很有趣味，如果有人对这些东西感兴趣，我们绝不能说他不对。但一个人在特定的环境内，如欲有所成就，就必须专注于一事，而不可分散他的精力于多方面。

世界上有许多可以做出成就的领域，但可能只有一两个领域最适合我们，我们只有在这一两个领域内，才最有可能获得我们能力范围内的最大成功。

任何成功都需要长期不懈的努力和专心致志，这时，他所面对的对象几乎成了他的整个世界，就像一个毕生研究蠕虫构造，获得了杰出成就的生物学家回答别人的疑问时所说："蠕虫那么长，人生可是那么短！"

但是，如此的话，我们如何理解人的全面发

展呢?

也许，我们应当主要在人类而非个人的意义上理解人的全面发展。

歌德说：“人的才能最好是得到全面发展，不过这不是人生来就可以办到的。每个人都要把自己培养成为某一种人，然后才设法去理解人类各种才能的总和。”

作为个人的我绝不可能在人类活动的许多领域里都达到很高的高度，这在今天的时代里尤其如此，但是如果有许许多多的人能在各自不同的领域内都达到很高的高度，那么，这就已经可以说是人的全面发展，并且这种发展已经很可观了。

因此，我们要学会不仅专注于我们自己的工作，同时也能够欣赏其他人在他们自己的工作上所取得的成就。而且，我们在自己领域的山峰上越是攀登得高，我们也就越有可能理解和欣赏他人所达到的高度。

心怀生命

第六辑　道德与社会

身份与境遇

我们作为一个人，有许多种不同的身份，而只有在某些境遇中，我们才能看清楚我们的根本身份。

下面这个真实的故事发生在第二次世界大战期间的一个圣诞节前夜，在荷兰的边境线旁的一个非常小的村子里。

一队美国兵敲打着一扇小木门，他们已经敲打过这个村庄里许多其他的门了，在雪地里跋涉了一天，早已精疲力尽的他们不敢肯定这扇小门里是否还住着人。

但是，这一次，一位老奶奶打开了门。透过打开的门，他们可以看到屋里壁炉中闪烁的火苗，同时他们还闻到了很香的烤土豆的味道。

他们进了屋，在餐桌前坐下，老人什么也没有说，她只是出门拿了一些土豆进来，放到了火炉旁。

可是，突然又传来了敲门声，屋里的人警觉地把手放到了枪上，一阵沉默之后，老奶奶站了起来，她坚定地拉开门。门口站着的是几个德国士兵，他们的手上也拿着武器，这敌对的双方在这圣诞节的前夜，在一位手无寸铁的老人面前遭遇了。

老人很平静，没有丝毫的惊恐，她说话了："进来吧，放下你们的武器，今天，在我这里只有人，没有美国人，也没有德国人。"

在一阵长长的、紧张的沉默之后，双方都松弛了下来，他们一起在餐桌前坐下，老奶奶又出了一次门，拿来的还是一些土豆。

土豆烤熟之前，暖和过来了的人们在屋子里活跃起来，他们结结巴巴地谈到了战争之前，谈到了他们的妻子和孩子，谈到了土地、天气和收成，谈到了学校、工厂和医院，现在屋子里坐着的原来只是几位农民，几位工人，一名教师和一位画家。

这个夜晚平静而愉快地过去了，第二天，太阳染红了白雪的时候，这两队人离开了老奶奶的家，他们各自向自己的阵地走去。

在战斗打响的时候，他们还可能互相射击，他们现在的身份是士兵，但他们应当由此明白了，他们不仅仅只有士兵一种身份，他们还同时是父亲、儿子或丈夫，他们还是工人、农民或者教师，而士兵这种身份是相对短暂的，是很不自然和迫不得已的。

一个人在他漫长的一生中，可能会有很多种身份，或者说，扮演许多种角色，有些身份可能是临时和次要的，有些身份则可能是长久和重要的，但最长久和最重要的，当然就是：在这世界上好好做一个人。

因此，他就还得经常提醒自己，自己的其他身份与自己作为人的这一根本身份是否相符合。

各人有各人的心愿

每个人长大了想过一种什么样的生活，想成为一个什么样的人，都会不太一样，有时甚至很不一样。如果一个生活理想与我不同的人住在遥远的非洲，那我们大致还可以各自按照心愿生活而互不影响，但如果是住在一个家里，那就肯定会有些麻烦了。

街边一个男孩在哭泣，一位赶车给这条街上的住家送牛奶的大妈看到了，把孩子抱到大车上，说道："嗨，男子汉，干吗伤心啊？"

“我和姐姐吵起来了，她不让我，她就是要去玩娃娃。”

“那么你呢，你让了没有？”

“没有，我要到河边去看抓鱼。”

大车颠簸着向前走去，大妈讲起了下面的故事。

“很多年以前，我还很年轻的时候，和我的丈夫一块儿在另外一个地方送牛奶，那时候我们什么也没有，但是很快乐。后来，我们有了孩子，我们自己没受过好的教育，但我想让我的孩子们长大以后能够上大学，我就开始找一些其他的工作，拼命地干活，拼命地节省，积攒了不少的钱。我很高兴，我的愿望能够实现了。我丈夫有空闲时喜欢到小酒馆里坐一坐，有一天，他对我说能不能拿出一些钱，让他开一个小酒馆。我不肯，孩子们就要长大了，这钱是留给他们读书用的。以后的一些日子，他还时常跟我提到小酒馆的事，我都坚决地拒绝了。我认为我的理想是最好的。再以后，他不太说话了，每天闷着头工作，这样过了不到一年，有一天的傍晚，该吃饭了，他没有回来，我以为他又到小酒馆去了，没有在意，夜深了，他还没有回来，我着急了，到处去找他，但是什么地方也没有，他到哪儿去了呢？问谁，谁都不知道，收拾东西的时候，我在家里发现了一张他留下来的纸条，上面写道：孩子大了，我要去实现自己的理想了。”

“他就这样走了，再也没有过什么音讯，现在我们的孩子都长大了，都读了大学，我的愿望是实现了，可是这些年来，我是不是幸福呢？”

大车继续走着，大妈在自言自语。男孩脸上的眼泪也已经干了，他是否明白了一点什么呢？

当我们生活在同一个屋檐下的时候，我们不能不寻求相互理解，相互让步。每个人都有自己不完全同于他人的生活理想，每个人对自己的快乐和幸福都有自己的一些特殊理解，他只有从这种生活中才能得到自己最大的满足。即使我深信自己的生活理想是最好的，最无私的，也应当公平地为每个亲人的心愿都留出一些余地，因为，亲人们的幸福常常是联系在一起的，在一个家庭里，只要有一个人不快活，其他的人也就不会很快活了。

尽管我和世界上绝大多数的人不会有这种直接和亲缘的联系，因而这距离也就减少了冲突的可能，但是，我们还是生活在同一个地球之上，生活在同一片天空之下，我们不是也应当容忍，乃至于欣赏他人与我们不同的合理心愿而一起快乐地生活吗？

最重要的

我们一天之中有不同的时候，什么时候是最重要的？我们一天要见不少人，什么人是最重要的？我们一天有许多事，什么事是最重要的？我们有时可能正是由于不明白这些，从而浪费了时光，敷衍了别人，却还没有做成什么事。把什么都看得最重要就等于什么都不重要，而认真的态度也可能很快就由此变成苟且的态度。

古时候，有一个日理万机的国王有一次忽然也想弄明白这三个问题：什么是最重要的时候、最重要的人和最重要的事？他请全国的人解答这三个问题，没有一个人能够回答得让他满意。

后来他微服出访，去问一个隐士，这个隐士正在田里耕种，国王也就帮他种田，并且把三个问题问了几遍，隐士只是不答。

这时忽然前面跑来了一个人，满身流血，刚到国王跟前就摔倒在地上，昏迷过去。国王和隐士赶紧替他止住了血，送他到屋里躺下。

第二天早上，国王起来，去看那个人。那个人对国王说："请您宽恕我！您处死了我的兄弟，我是来刺杀您的，不料被您的卫兵杀伤了，逃到此地。如果您不替我止血，我一定死了，我今后愿意为您尽忠。宽恕我吧。"国王听了，满心欢喜。国王再三求隐士回答他的三个问题。

隐士说："你的问题已经有答案了！"

国王问："怎么回事？"

隐士说："你昨天若不在这里帮我种田，就不免会遇到生命危险；你若不救那个受伤的人，就不能和解一个仇敌。所以，你要知道：最重要的时候，就是现在；最重要的人，就是你面对的人；最重要的事，就是待人好。”

这个故事告诉我们，最重要的时候就是现在，因为我们所能把握的只有现在，就像一句格言所说：“抓住今天！因为到明天你用多少钱也买不回它了。”最重要的人就是你面对的人；而在一切事情之中，最重要的当然就是拯救一个人的生命了。

然而，这不是什么都没告诉我们吗？最重要的是现在，然而不是什么时候都是现在吗？最重要的是你面对的人，然而不是我经常面对着许多人吗？最重要的是待人好，然而我怎么可能同时都待他们好呢？

确实，谁都不可能给我们一个确切的答案，这里所告诉我们的只是一些一般的原则：要认真地对待生命，认真地对待我们生命的每一刻，认真地对待我们周围的人，并且心里要有善意。而具体的抉择，则有赖于我们自己在生活中去细心体会和不断磨炼，有时它还可能出乎常规。就比方说，如果那个国王只是沉于事务而没有在心里生出这些问题呢？如果他认为只有国家事务才最重要，而不肯帮隐士种田呢？如果他只是执意要隐士回答他认为最重要的问题，而不管那个受伤跑来的人呢？那样的话，他就可能忽略掉真正最重要的东西。

因此，最重要的，看来就是养成一种认真对待生活的精神并不断培养我们的判断力。或者说，最重要的就是在这个世界上好好地活着，不辜负上天赐予我们作为一个人在各方面的禀赋——首先是道德和理性的禀赋。

何谓好坏

在“以阶级斗争为纲”的年代里，孩子在看电影时，看到一个人出场，常常会问父母亲：“这个人是好人还是坏人？”

在那个年代，马上弄清好人和坏人的愿望是相当强烈的，好人和坏人的身份也是相当清楚和固定的，所以孩子们一般都能得到满意的回答。父母们甚至只要回答说那人是“地主”、“资本家”或“走资派”就行了，这些名称绝对都是指坏人。如果同是隐蔽身份潜入敌方的人，坏人就称“特务”，好人则叫“地下工作者”。

但是，现在这个问题越来越难回答了。过去，“造反派”肯定是好人，现在却肯定不是；过去，“资本家”绝对是坏人，但如果换了一个今天的名称叫“民营企业家”呢？幸运的是，当过去那些孩子现在也做了父母亲时，他们的孩子问这个问题问得少一些了。

当然，问题并没有消失：人是不是可以被区别为好人和坏人？如果可以，那么什么人是好人？什么人是坏人？在这些问题后面，还隐含有人们希望自己是一个好人，同时也能评价他人的愿望。

好人和坏人显然不宜和某些身份甚或职业建立固定的联系，不宜再说某种身份的人一定是好人，或者一定是坏人。而且，我们也知道了，人是复杂的，也是可变的，一个人只要活着，他总是有可能改变自己的行为和形象，所以，号召人们去仿效的英雄最好是死去的英雄。

而即便是人死了也不是全都能盖棺定论的，我们只要想一想秦始皇、曹操等历史人物就会明白。

所以，我们不如从事情、而不是从人去确定：什么事是好事？什么事是坏事？好事做得多的人自然是好人，坏事做得多的人自然就是坏人，但好人做的坏事却仍是坏事，坏人做的好事也仍是好事。这样也有益于我们憎恨一切坏事，却不憎恨人；反对一切坏事，但不把人一棍子打死。

那么，什么是好事，什么是坏事呢？从日常生活的角度来说，我们可以说好事就是有益于别人的事，坏事就是伤害别人的事，换言之，好事就是如果调换彼此的位置，你愿意别人对你做的事情，亦即基督教的金规："你愿意别人怎样待你，你也要怎样待人。"同样，坏事也就是互换位置，你不愿意别人对你做的事情，亦即孔夫子的教诲："己所不欲，勿施于人。"

所以，当你不明白自己要做或者做过的事究竟是好事还是坏事时，你只要想一想，你是愿意还是不愿意自己碰到这件事。一般来说，你不愿意自己碰到的事就是坏事，例如你不愿意自己被偷、被抢、被侮辱，那么，偷、抢、侮辱人就都是坏事，它们的性质并不因这些事是由别人做出还是由你做出有任何不同。反之亦然。

基本的道德之理总是简单明白的，它们往往就是我们的生活常识。我们要小心不要让一些天花乱坠的名词蒙蔽了我们的双眼。

道德的主体

我们都知道孔融把大梨让给他哥哥的故事，现在我想讲另一个有关橘子的故事。

有一天，天气很热，有两兄弟在草地上玩耍。他们觉得口渴了，便向父亲要钱去买水果解渴。弟弟拿着钱买来了两只橘子，一只大一些，一只小一点，他把那只大的橘子留给了自己，把小的那只给了哥哥。

哥哥不高兴了，说："我每次去买吃的东西，都是挑大的给你，把小的留给自己。就这一次让你去买，你就这样做呀。”

弟弟说：“对呀，以前每次都是我得大的，你得小的，这次不是和以前一样吗，有什么奇怪的呢？”弟弟很不以为然。

确实，从事实来看，这次分配的结果和以前完全一样，但为什么以前哥哥都高高兴兴，这一次他就不高兴了呢？

唯一的不同，就是以前每次这样的分配，都是哥哥自己主动做的，这次却是由弟弟代他这样做的，而且弟弟是受益者。

所以，我们可以想象：假如孔融不是自己要让梨，而是他哥哥强迫他让，那么这件事的性质是不是会改变呢？孔融心里又会如何感受呢？

我们还可以想象：假如是由他们的父母来分食物，假如父母每次都把好的、多的那一份分给孔融的哥哥，而把差的、少的一份分给孔融，孔融心里又会怎么想呢？

显然，从父母这方面来说，他们应当尽量公平地对待他们的儿女，而不是偏爱其中的一个，这在某种意义上就类似于我们希望社会公正，希望社会平等地对待它的每一个成员。而且，要求社会公正比要求父母公平有着更强有力的理由。

而从儿女这方面来说，既然我们是兄弟姐妹，那么除了公平，就还有一种亲密的手足之情，不仅不应争抢，还需要时常相让，何况世界上也不可能总是有同样大小的梨，因而不可能有绝对的公平。在社会上也是如此，我们虽然不是亲兄弟姐妹，也还有一种作为同胞、同类的情分，也仍然需要相让。

然而，相让虽然可以教育、鼓励，尤其是自己去身体力行、以身作则加以强化，但这种相让行为却应当由让者本人自觉自愿地做出来。

因为，现在我们不是谈我们必须履行的义务，而是谈相让，谈放弃自己的一些利益给他人，这是一件好事，但这样的好事必须真正是一个人发自内心做出的行为，这样他才会感到心安乃至愉快。如果这件好事是被别人强加的，即便这件事不对强加者有利，也很可能是被强加者所不情愿或者感觉不快活的。

所以，我们不能不强调：高尚的道德行为必须发自道德的主体，也就是行为者本人，即使是一件我们自己认为是非常好的事情，我们也不能强迫别人去做，因为强迫本身就是一件坏事。我们不能强迫或代替别人去做好事，因为，那样的话，我们就侵犯了别人作为道德主体的权利。

义务的分量

什么是义务？义务就是我们在道德上必须做的事情。为了更明白，我们也可以说，义务就是我们假如不做会很难堪的事情。义务和高尚的善行不一样，高尚的善行，如慷慨解囊、舍己救人，牺牲自己成全他人是那些做了让人敬仰，不做亦可谅解的行为，而义务则是如果我们不做就很难让人谅解的行为。

但是，由于人们履行义务的处境不同，加在我们身上的义务也就有不同的分量，那些很难履行的义务如果被履行了，就比高尚的善行甚至更加值得敬仰，因为它们不是可做可不做的事情，而是我们必须做的事情。下面的故事，就是展示不同分量的义务的一个范例。

一个老人，买了好马十四，宝刀一双，和他的三个儿子说：“你们三个人出外，三个月后回来，把路上所做的最得意的一件事报告给我听。我要看哪一个做的事情最好，就把好马和宝刀给哪一个。”他的三个儿子听了，就动身出门了。

三个月后，他们都回来了，老人就询问他们每人所做的最得意的事。

长子说：“有个人匆匆把一包明珠存放在我这里，他并不知道有多少珠子，我若拿他几个，他也不知道。但他回来的时候，我原封不动地还给了他。”老人听了说：“这是该做的事，若是你暗中拿他几个，你想你成了一个什么样的人？”长子听了这话不错，就退了下去。

次子说：“有一天，我看见一个孩子落在水里，我救他起来，他家里的人要重谢我，我没有接受。”老人说：“这也是该做的事，若是见死不救，你心上过得去吗？”次子听了，也没说话。

最小的儿子说：“有一天，我看见一个病人昏倒在危险的山路上，一个翻身就要摔死。我走上前一看，原来这人是我的仇人，我几次想杀他，都没有机会，这回我若弄死他，真是不费一点力气，但我不愿暗里害他，我把他唤醒，送他回去。”老人不等他说完，就很郑重地说道：“好马和宝刀，该给我知道正义的儿子！”

把别人寄存在自己这里的东西原封不动地还给他，抢救一个溺水的孩子，以及帮助一个病人，这些都是我们的义务，都是我们在道德上必须做的事情，因为那些寄存物本来就是属于别人的，处在危难中的孩子和病人则都是我们的同类。衡量一件事情是否义务的一个标准是：假如我们处在其对象的地位，我们是否愿意这件事情在我们身上发生。那么显然，假如我们是那个寄存者，我们是不愿意自己寄存的东西被悄悄地克扣一部分的；假如我们是那个溺水的孩子或者病人，我们也不愿意别人在有能力帮助我们、并不需要做出很大牺牲时对我们漠不关心。于是，如果我们昧下一些珍珠，对溺水的孩子或荒野中的病人无动于衷，我们就使自己处在了一个难堪的地位。这也就正如老人所说，还物和救人是我们“该做的事情”。

然而，虽然这些事情都是义务，履行的困难程度却是不一样的，归还别人的东西最容易，不需要自己付出额外的力气；而抢救溺水的孩子则需要费力甚至冒一定的危险（但我们设想这危险并没有达到可能丧失自己的生命的程度，否则那就是高尚的善行而不止是义务了）；这些事情中最难的还是最小的儿子所做的事情，他所遇到的困难主要不是身体上的，而是精神上的：病人是应该救助的，然而这病人却又是自己的仇人！

我们可以假设以后的情况，比如说，当那个病人康复以后，小儿子仍然提出和他决斗，或者，那冤仇竟因这件事而得以化解。但不论结果如何，我们已经可以看到，即使是最普通的义务，有时也可以极具分量，成为对心灵最严峻的考验。

微　笑

我们有时在公共场合会看到这样的情况：人们恶语相向，甚至拳脚交加，打得头破血流。究其原因，却往往是由微不足道的小事引起的——一句不礼貌的话，甚至一张板着的脸。

有一首诗曾经在法国非常流行，在商店、宾馆、医院、机场等许多地方的墙上、服务台或窗口，都可以看到这首被排列成一颗心脏形状的法文诗：

微笑一下多么容易，

它产生的魅力却无穷无尽……

接受微笑的人立刻变得富有，

发出微笑的人也丝毫不曾失去；

再富有的人，也不愿拒绝一个微笑，

再贫困的人，也有能力将它施予。

它带来了天伦之乐，

又是友谊绝妙的表示，

它能神奇地解除疲劳，

又能给绝望者以生活的勇气。

如果我们哪天遇到一个人，

他竟然没有对我们微笑，

那么将你的微笑慷慨地给予他吧，

因为再没有谁比那不能给别人微笑的人更需要它！

一个微笑，有时会把素不相识的两个人的生命从此联结在一起，成为他和她铭心刻骨的记忆。一个微笑，有时会给一个对自己的生活感到绝望的人，重新输进一线希望，这时候，我们甚至可以说，对于挽救一个生命来说，一个微笑，就已经足够。

这种生死攸关的微笑，有时可能是熟人和朋友真心的安慰，有时也可能仅仅是一个路过的陌生人表示的礼貌性的友好，当然，一个微笑产生这样巨大效果的时刻极其罕见。我们且不谈这样的微笑，而即使是一般礼貌性的微笑，也能创造一种平和的气氛，使我们纷扰劳累的心消除一些紧张，得到一些放松。

微笑是富有感染力的，一个微笑往往带来另一个微笑，这样，人与人之间的关系就可能会变得单纯得多，松快得多。

有时，并不需要增加多少财富，也不需要将它们打乱来重新分配，人们只需改变一下他们之间的关系，只需改变一下他们对这种关系的看法，他们就会快乐许多，幸福许多。

礼貌是一种习惯，让我们不要轻视这种习惯，并且最好也让礼貌的微笑从小就慢慢养成而作为我们的一种习惯，这样我们就可以比较轻松、毫不费力地去做它，从而预先消除许多不必要的怨气，化解许多不必要的争执，使别人快乐，自己也快乐。

为自己和为别人

我们应当为谁活着，为自己还是为别人？这是一个让我们常常感到困惑的问题。

我们应当为别人活，如果把这作为一个普遍原则，似乎里面总是有一种让人觉得不完全对的地方，那样的话，我自己到哪里去了呢？我是不是总是要按照别人的愿望来安排我个人的生活，按照别人的需求来发展和塑造我自己呢？我又如何分辨许多个“别人”的轻重缓急呢？而且，如果每一个人都被严格地要求这样去做，也确实这样做了，那么世界会变成什么样子呢?

古时候，有一个人身上痒，叫他儿子找痒处搔，找了三处都找不着；叫他老婆找，找了五处还是找不着。那人发脾气说：“老婆孩子是最心疼我的人，怎么都这么难找到我身上的痒处?”便自己伸手，一搔就搔到了痒处。

“自家冷暖自家知”，一个人并不容易清楚地了解许多个与他不同的别人的内在心愿和切身痛痒，何况他还应当尊重别人保留自己的秘密，以及自尊、自信、自立、自强的权利；而一个人在一般情况下对自己的身体和生命，要比对别人的身体和生命更为关心，更为注意，看来也是自然的。

歌德说，一个人总不可能跟所有的人生活在一起，因此，他也就不可能为每一个人而活着，若能真正认识到这个真理，各人就会极度地珍视自己的朋友，同时又不会去憎恨或者迫害自己的敌人。

易卜生也曾在一封给他的朋友白兰戴的信中说

道："你要想有益于社会，最好的法子莫如把你自己这块材料铸造成器。"

而对于一个少年来说，最重要的也就是，首先把自己铸造成器，并且最好是自己能力范围内的大器。如果自己都不能成器，何谈有益于别人？

但是不是就要"主观为自己，客观为别人"呢？是不是每个人都主观为自己，客观上就能造成一个人人都互相有利的状况呢？

当然，一个比较理想的社会制度，是应该尽量调整得能使所有个人发展的合理愿望都能有利于他人的，但是，这些愿望总还是会有冲突的时候，而一般正常的人们还渴望一种同类的亲情和友谊。

所以，我们还有必要调整自己，努力使自己的发展能够确实有益于他人。我们要知道这个世界上除了自己，还有别人，不仅所有个人的幸福在某种客观意义上都是互相依赖的，而且只有能够与他人分享的快乐才是纯净的、持久的、可靠的快乐。

因此，也许还是普里什文说得好，他说：“有些人说，要为自己而生活；另一些人教导说，要为亲人而生活；而我却认为，每个人都应该努力找到一个这样的着力点，以便为自己而生活自然而然地成为也是为了近亲和远亲，为了大家而生活。”

生命的原则

现在，也许到了该总结一下我们的谈话的时候了。

我想我们应该可以明确这样一个普遍原则了，这样一个原则也最有可能得到最大多数人的同意，这就是保存生命、尊重生命的道德原则。

生命的原则，狭义地说，是指人的生命。从广义上来说，还包括动物、植物的生命。就人而言，它在价值论上的第一层含义，就是人的生命本身是宝贵的。所谓“本身是宝贵的”，就是说，这个宝贵是作为“自在自为的目的”的宝贵，而不是作为手段和工具的宝贵，也就是说，这种宝贵不在于他们能打仗，能生产，能为某个目标做出多大贡献，而是说，生命自身就是宝贵的。

这就引申出生命原则的第二层含义，既然生命本身宝贵，那么任何一个享有生命的人，任何一个活着的人，所有的人，他们的生命都是同等宝贵的，在保存生命的意义上，每一个人的生命都应当受到同等尊重和珍视，在生存这个层次上，所有人都没有差别，这里没有外在的价值衡量。

第一是生命本身宝贵，第二是所有生命同等宝贵，也就是普遍宝贵，这些含义是互相包含的。

这里要注意自我和他人，或者说自我和社会的观点的不同，这两个观点要有所区别。热情的诗人裴多菲说：“生命诚可贵，爱情价更高。”个人是可以觉得爱情比生命更重要的，但是作为社会来讲，面对他人来讲，立场会有所变化。比如说处在一个政治家的立场，就不能说自己的爱情是至高无上的，因为他的决定可能影响到众多人的生命。还有什么比人们的生命更重要呢？

我们所说的尊重生命的原则，不是从自我的立场出发，而是作为社会的道德原则来强调的。它并不是说“我”的生命是最宝贵的——就像我们前面所看到的，如果仅仅是对自己而言，就可能自我降低乃至放弃，当然，更可能自我僭越，侵犯到他人的生命。生命原则的普遍意义在于它认为所有的生命都是宝贵的，这里所持的是一个社会的观点、普遍的观点。

其他的道德原则，比如现代人常常说的权利的原则、平等的原则，可能还有含混或歧义，而尊重和保存生命的原则是最明确、最基本和最起码的，或者用我惯常的一个说法，它是“最底线的伦理”。比如讲“爱人民”，还有可能会把一些人从“人民”的范畴中排除出去；或者讲“权利”，各民族也可能赋予“权利”以不同的含义。而生命却是非常实际、确凿无疑的。我们这里说的还不是精神生命、灵魂，而就是实实在在的、活生生的生命，或者说就是肉体的生命、身体的存在。这样，你剥夺了一个人的生命，他就会死亡；你伤害他，他就有可能变成残废；你打他，他就会疼。所以保存和尊重生命的原则，不是站在自我的观点，而是站在社会的角度，站在普遍的观点来思考生命本身。

保存和尊重生命的原则，从规范上来说，就是首先要使每个人不受到凌辱、伤害、强暴和杀戮；其次是还要有能够维持生存和发展的基本资料。就像我们常说的“生命之火”的比喻，你不能压迫和切断火绳，也不能没有燃料的基本供应，这样，每个人的“生命之火”才不会中断或者奄奄一息。而且还不是说能让人活着就行了，还要有一种人格的尊重，把人当人看，以合乎人性的方式对待人，以合乎人道的方式尊重人。

我们在这本书里所谈的多是个人在珍重生命方面的意识和责任，讲个人要充分认识和珍惜自己的生命，个人也要顾及和善待他人的生命。但还有另外一个很重要的方面，就是制度和法律。人们还应努力使保存和尊重生命的原则落实到从社会的基本结构到具体政策的各项制度上来。一个群体、一个社会，尤其是一个掌握最大权力和资源的政府、国家，理应将生命视作最基本、也是最优先的普遍价值，在灾难发生时应当倾全力拯救每一个生命，在平时也要尽量维护生命的尊严和体面。所以说，尊重和维护生命也是制度的首要伦理原则，是政府至高无上的义务，是最重要、最优先的社会正义。不过，这方面的问题，我们也许可以以后再谈。

总之，我们已经谈论了许多有关生命的话题，我希望这样的谈话可以不断地在我们之间，更在你和你的父母、亲人、同学和朋友之间延续下去，因为生命是最美丽的，也是最神秘的，而要作为人那样生活且生活在一个共同体里，就意味着一定要有思考、反省、交流和讨论。我相信，这种思考和交流将有助于使我们生命的花朵真正璀璨绚丽地开放！

后记一

我是第三次来深圳。第一次来，大部分时间都在蛇口开会；第二次是由海外访学归来路过，来去匆匆；只有这一次真正是在深圳住了几天，而且是为了书而来——我想这对我是一个最诱人的理由：以书会友，因书结缘。仿照另一句话：“音乐是最无罪恶感的一种享受”，也许我们可以说：“书友是最可深交的朋友。”

这次我和几位朋友来深圳，是应广东教育出版社的邀请，在这次的深圳全国书市上为今年初在该社出版的一套“画说哲学”丛书中我著的一本《珍重生命》签名售书，这使我有了一次直接与读者见面交流的机会。在11月8日下午近三个小时的签名售书中，我感受到了读者的热情和期望，其间又尤其有两件事使我快乐和感动。

一件事是，一位中年妇女说她为她有残疾的儿子买过一套《画说哲学》，她儿子很喜欢，尤其是其中的《珍重生命》；这次她还要再为她儿子买一套由作者签名作画的《画说哲学》。顺便说说，这套书的图画作者之一黄穗中的现场签名别具一格：他在每套书上都要即兴画上一幅书中主要形象“嘟嘟”的图画，形态各异。

另一件事是，一对青年夫妇来为他们尚未降生的孩子买这本书，妻子骄傲地在一旁挺着肚子站着，丈夫则得意地忙碌着，把书从这里搬到那里。当我遵嘱在书上工工整整地写下他们未来孩子的名字时，心想：这大概是我所见过的最有远见的“父母”了。

我很惊异于深圳读者对书的兴趣及购买力。在整个售书过程中，我们几个签名者几乎没有什么间歇。过去王安石有首诗说：“贫者因书富，富者因书贵。”这句话在传统社会里有着实质的意义，通过从察举（荐选）到科举（考选）的“学而优则仕”的制度保障，读书确实能给贫者带来权力和财富，给富人带来地位和声望；而今天的“有书真富贵”则可能只是精神上的，但仍有其不可替代的意义。中国历史上的读书人（士）是一个特殊的阶层，但流风所染，却渐渐在世界历史上造就了一个可能是最有书卷气或书香味的民族。

深圳是一个新兴的、现代化的城市，在某种意义上，深圳人今天的价值取向也许就反映了明天中国人的价值取向。最初的一心一意致力于经济发展可能只是为了生存，为了“搞饭吃”，但“饭”要吃到多少才算够，吃到怎样才算好呢，吃饱了“饭”还需要什么，深圳在这方面也许能给我们提供一种特殊的经验。深圳是有理由骄傲的：它一下子有了这么多高楼大厦，它拥有这么多有活力的人；但如果它也能因书而与传统结缘，同时向传统与未来伸出它强壮有力的臂膀，它也许就更值得骄傲。梭罗说：“当文明改善了房屋的时候，它却没有同时改善居住在房屋中的人。文明造出了皇宫，可是要造出贵族和国王却没那么容易。”愿我们记住这句话，从这句话里得到启示。

何怀宏

1996年初冬于深圳

后记二

《孩子，我们来谈谈生命》这本小书是在1996年出版的《珍重生命》的基础上修改增补的。对这一增补新版，我主要是增加了和我在南极以及后来的生命体验有关的新的一辑（第二辑7篇），另外在其他地方加入了《突然的变故》和《生命的原则》2篇，这样一共新增了9篇文章。对其他原有的文章我也做了一些修订。目前全书分为5辑37篇，加上

“写在前面的话”，一共是38篇文字。

这本书距离它的初版已经有十多年了，许多孩子和家长喜欢这本书，它也成了我送有孩子的家庭和关心孩子的朋友们的最好礼物。我希望现在这一加入了我后来一些生命体验和思考的新版能够继续让大大小小的读者们喜欢，甚至更喜欢。它在有的方面也许比过去要沉重和复杂一些，有的方面又要野性和轻盈一些；在对女孩的怜爱之外，又加上了一些对男孩的激励，而这也就是生命的实相和执著的自我要求。

阅读和思考这本书提出的问题的时刻可能会是一个少有的严肃的时刻，而我们都希望自己或者自己的孩子有一个非常快乐的、无忧无虑的童年。但问题在于这些问题真的存在、无法回避，我们不能不正视它们，而只有正视它们，方可深深体认生命的价值和意义，寻找自己通向安宁幸福的人生道路。

我自然不认为一本书能解答生命的真谛，但我认为我们对人生总应有一种反省的态度，方不致浑浑噩噩地度过一生。而且，我想，不管我们每个人对生命的根本问题最终做出什么样的回答，至少我们应当首先珍重自己的生命，也珍重别人的生命，并尊重所有的生命，包括动物、植物，以及我们共同的生命家园——地球。

在今天的世界上，我们还是可以看到各种各样自我轻忽、压制、侮辱、伤害、践踏，以致杀戮生命的事情时有发生，还有各种自然灾难和偶然事故也随时可能发生。这些事情都提醒我们，我们需要无比地珍惜生命、尊重生命，一方面是努力从社会环境和制度建设方面给所有生命以切实的保障和改善——这可能主要是大人的事情；另一方面也要从我们每一个人的行为开始做起，包括孩子自己的自我珍重，而大人们则尤其要从关心孩子开始做起。我们要将关心孩子的生命和成长放到第一位，同时也要努力培养和提高男孩和女孩们自己护养和发展生命的自觉。

关于这本小书，我要首先感谢我的女儿和她的妈妈，是她们给我提供了最初的灵感、启发和一些素材故事。我也要特别感恩我后来生命中的幸运，我获得了一种新的幸福源泉与追求动力。而且，可以说我的孩子们的名字总是在提醒和鼓励我对生命的意义和真谛做一种追问。

何怀宏

2008 年初冬初草于尔湾

2009 年初春改定于北京

后记三

在本书出这一新版的时候，我又增补了9篇文章，除了《处置自己生命的权利》、《化解对死亡的恐惧》和《生命的自我珍视》这三篇，还有现在的第四辑“非常时刻”中的6篇。而书中其他有些地方也做了一些修订。我希望我的这本书也像活的生命一样，是一本不断生长的书。

本来还有许多话想说的。比方说现在基本都

是生养一两个孩子，父母看来更应该尽可能地自己来带，尤其是在几个关键的年龄段，最好不离开孩子太远，让孩子始终保持在自己的视线里。当然，又要给孩子留有充分的余地，再好的活动也不给他排得太满。再比方说教育不妨首先从体育开始，尽早让孩子养成户外体育活动的习惯，乃至观看和谈论体育的兴趣。这样至少一个好的“副作用”：当他接触电脑的时候，他就可能不会太迷恋而变成“宅男”了。还有像如何将读纸上之书和读天下之书结合起来，像男孩和女孩的不同等等话题，我都想说一说。

最好的父母教育、也包括学校教育，其实应该是最后能够成功放飞的教育，即能够成功地转变成自我教育的教育，可是，那时还叫“教育”吗？在家庭里，我其实也不是很喜欢“教育”这个词，只是大概也找不到合适的替代词。或者说就是我们和孩子一起用心地生活，一起有品质和心智的成长，最后可以放心地让她（他）们自己到这个世界上去生活。

但是，有些话虽然很重要，还可以在以后慢慢地说。我还是想先在这本书里把我认为最重要的话说出来，这最重要的话就是生命优先、生命至上。

我的确看到有些父母在孩子的教育上费尽了心血，最后甚至也努力让孩子上了国内乃至国外的名校，但是，孩子突然一下崩溃了，精神出了问题，甚至轻生走了。这时，挚爱孩子的父母痛哭失声、泪流满面，说只要孩子健康正常，甚至只要还在，就会觉得是最大的幸福了。所以，我认为最重要的教育还是生命的教育；应该排在我们父母关注的首位，还是应该让孩子知道珍重生命。

生命是客观存在的，活着就意味着生命，我在写这本书意味着我活着，我在读这本书也就意味着我活着。我活着，我拥有一个生命，这是不需要证明的事实。但是，我们不仅活着这生命，还需要意识到这生命，需要心怀生命，需要呵护生命，需要发展生命。心里总是有生命，这样，我们就不会是浑浑噩噩地活着，更不会是自我摧残式地活着。

当然，珍重生命并不仅限于此，还包括要使自己，也让别人有生命自由的发展空间，而涉及制度与群体，还应该在全社会培育一种珍重生命的氛围，减少社会的戾气，防止像暴力冲突、战争饥馑等剥夺生命的灾难，推进和平与合作的事业，鼓励珍重生命的精神与行为。

珍重生命不仅仅是孩子自己的事，所以，我倾向于认为这本书是应该父母与孩子共读，甚至父母先读的。我希望它不仅是父母与孩子的对话，也还是父母与父母的对话，孩子与孩子的对话。

何怀宏

2014 年 11 月 21 日于褐石